Eberhard Müller

Vom Urknall zur Neuen Welt

Die Zukunft des Menschen in der Schöpfung

Impressum

ISBN: 9783748133827

Copyright: 2. Auflage Oktober 2018

Umschlagdesign, Herstellung und Verlag:
BoD - Books on Demand, Norderstedt

Inhaltsverzeichnis

Prolog
Einstein und das Universum

Wir können nichts dafür, dass wir in diesem Universum erwachten. Wir könnten jedoch in einer klaren Nacht auf einem Berg steigen, den Himmel betrachten und die Sterne zählen. Nach vielen Zählversuchen sind wir inzwischen auf die Summe von $2,23 \cdot 10^{22}$ Sterne gekommen. Wir wissen nun wieviel „Sternlein" stehen an dem blauen Himmelszelt. Im Weltall befinden sich ca. 2 230 000 000 000 000 000 000 Sterne. Was daraus folgt, ist die Frage: Warum so viel? Zu was sind denn diese Himmelskörper da? Und was haben wir damit zu tun? Wenn wir den Sternenhimmel staunend betrachten, ahnen wir vielleicht, dass sich über uns eine Welt aufspannt, die zutiefst mit uns zusammenhängt.

"Im Anfang schuf Gott Himmel und Erde." So wird der Anfang der Welt in der Genesis, dem ersten Buch der Bibel, beschrieben. Einstein, und seit dem 19. Jahrhundert fast die ganze Wissenschaft, dachte sich das Universum zunächst statisch, also von Ewigkeit zu Ewigkeit unveränderlich. Nun ja, die Naturwissenschaft stellte mit ihren Forschungen die Bibel manchmal in Frage und forderte den Theologen harte Gedankenarbeit ab. Kopernikus und der "Fall Galilei" werden bis heute in der Schule gelehrt. Sie trieben einen Keil des Misstrauens zwischen Kirche und Naturwissenschaften. Im Bezug auf den Anfang des Universums wird aber nun auch kirchlicherseits von den Naturwissenschaftlern Denkarbeit abgefordert. War es doch ein katholischer Priester, der die Gegentheorie vom "Urknall" entwickelte: der Belgier *Georges Lemaitre*, der am 20. Juni 1966, in Löwen starb, belegte anhand der Gleichungen von *Einstein*, dass das Universum eine Schöpfung ist und einen Anfang nach Zeit und Ort hat.

Nach der Fertigstellung seiner Allgemeinen Relativitätstheorie im November 1915 ahnte *Einstein* bereits, dass diese nicht nur eine neue Gravitationstheorie darstellt, sondern darüber hinaus

Einsichten über unser Universum als Ganzes ermöglicht. Nahezu unmittelbar nach Veröffentlichung seiner Relativitäts-Theorie nahm sich *Einstein* dieser Frage an. Aus weltanschaulichen Gründen suchte er dabei nach Lösungen für ein ewiges Universum (ohne Anfang und Ende). *Einstein* identifizierte Gott mit der Natur oder den Naturgesetzen, wie sein „Hausphilosoph" *Spinoza*.

Doch zu seinem Verdruss musste er erkennen, dass sich aus den entsprechenden Gleichungen keine Lösung für ein statisches Universum ergab. Er fand nur Lösungen seiner Gleichungen, die kontrahierende oder expandierende Universen beschrieben (was im Wesentlichen daran liegt, dass die Gravitationskräfte nur anziehend und niemals - wie elektrische Kräfte – auch abstoßend wirken).

Die Unlösbarkeit seiner Gleichungen für ein statisches Universum war für ihn ein derart essentielles Problem, dass er sich in seiner Verzweiflung gezwungen sah, etwas zu tun, was ihm zutiefst widerstrebte: Er fügte seinen Gleichungen ad-hoc einen zusätzlichen Term hinzu (er nannte ihn: kosmische Konstante), der schließlich eine Lösung erlaubte, die ein statisches Universums beschreibt.

Ab 1925 begann sich ein junger, belgischer Priester für die Einstein'schen Gleichungen zu interessieren. *Lemaître* stieß auf Lösungen der Einstein-Gleichungen, in denen sich das Universum ausdehnt. Des Weiteren leitete *Lemaître* direkt aus der allgemeinen Relativitätstheorie ab, dass die Expansion des Universums durch ein einfaches Gesetz dargestellt werden kann, das einer empirischen Überprüfung unterzogen werden kann: $v = H \cdot d$. Die Geschwindigkeit v, mit der sich zwei Galaxien durch die Expansion des Raumes voneinander entfernen, ist umso größer, je größer der Abstand d zwischen ihnen ist (H ist eine Proportionalitätskonstante, die später "Hubble-Konstante" genannt wurde).

Im Jahr 1927 wandte sich *Lemaître* direkt an den berühmten Physiker. *Einstein* konnte der mathematischen Berechnung *Lemaître* nichts entgegenhalten. Doch für seine Weltanschauung war sie völlig inakzeptabel. "Ihre Berechnungen sind richtig, aber Ihre Physik ist scheußlich!", so beendete *Einstein* das Gespräch.

Doch *Lemaître* war beharrlich, nicht zuletzt, weil er den Eindruck hatte, dass *Einsteins* Wissen über die neuesten Ergebnisse in der Astronomie eher beschränkt waren. Denn die Astronomen hatten bereits tatsächlich erste Anzeichen dafür gefunden, dass sich einige Galaxien von unserer Milchstraße entfernen. 1929 kam dann der Durchbruch: Der amerikanische Astronom *Edwin Hubble* fand nun eindeutige Hinweise dafür, dass sich die Galaxien voneinander wegbewegen: Grundlage dafür waren Entfernungsmessungen an pulsierenden Sternen. Darin konnte *Hubble* feststellen, dass die Rotverschiebung dieser Sterne proportional zu ihrer Entfernung zunimmt. Dies ist genau die Beziehung, die *Lemaître* zuvor hergeleitete hatte! Sie wird heute als "Hubble'sches Gesetz" bezeichnet.

Einstein hat daraufhin den Astronom *Hubbles* besucht und mit ihm über die Ergebnisse seiner Forschung gesprochen. Danach nannte Einstein die Einführung des zusätzlichen Terms in seinen Gleichungen und das Festhalten an ein statisches Universum "die größte Eselei seines Lebens". Im Jahr 1931 verabschiedete er sich endgültig davon und kehrte zu den Feldgleichungen in ihrer ursprünglichen Form zurück.

Aus der Rückrechnung der beobachteten Expansion des Universums lässt sich nun schließen, dass das Universum an seinem Anfang in einem einzelnen Punkt konzentriert gewesen war, um daraufhin in einer gewaltigen Explosion ‚geboren' zu werden. Genau darauf hatte *Lemaître* in seiner Arbeit von 1927 als erster hingewiesen: auf einen kosmischen Ursprungsmoment, in dem die Raum-Zeit entstand. Der Priester wurde damit zum ersten Verfechter einer physikalischen Theorie über den kosmischen Anfang.

Einer ihrer exzentrischsten Kritiker, der englische Physiker *Fred Hoyle*, nannte die Theorie von *Lemaître* in einer Sendung der britischen BBC einmal ironisch den "big bang" (englisch für "großer Knall"). Zu *Hoyles* Verdruss setzte sich dieser spöttische Begriff sowohl im populären, wie auch im wissenschaftlichen Sprachgebrauch fest.

Einstein jedoch selbst nannte die Urknall-Theorie 1933 "die schönste und befriedigendste Erklärung der Schöpfung, die ich je gehört habe", womit er seine Kritik an *Lemaître* zurücknahm und selber ein glühender Verfechter der Theorie von *Lemaître* wurde.

Trotzdem war die Theorie zunächst immer noch umstritten, zuletzt wohl auch, weil *Lemaître* Priester war und immer der Generalverdacht bestand, Gott durch die Hintertür wieder einführen zu wollen. Genau diese Interpretation machte die "Big Bang"-Theorie für *Lemaitres* Kritiker so schwer verdaulich: weil sie viel zu nah an der biblischen Vorstellung von der göttlichen Schöpfung der Welt war. Doch kurz vor *Lemaitres* Tod im Jahr 1966 kam schließlich der letzte Beweis für die Richtigkeit der Urknall-Theorie. Die beiden jungen Astrophysiker *Arnold Penzias* und *Robert Wilson* entdeckten in Holmdelb/New Jersey 1965 den Einfall konstanter schwacher Radiowellen auf die Erde: das Echo des einst so verlachten "Big Bang". Wofür sie später den Novell-Preis bekamen. Die "Urknall-Theorie" ist heute die wissenschaftlich anerkannte Theorie der Entstehung unseres Universums.

Bei diesem Big Bang hat sich eine ungeheure Konzentration von Energie in weniger als einer millionstel Sekunde in Materie umgewandelt und dabei eine Raum-Zeit-Blase gebildet, die sich schnell ausdehnte und es heute noch tut. Schon gleich nach dem Urknall bildeten sich die vier Grundkräfte (Gravitation,

Elektromagnetismus, Starke- und Schwache-Wechselwirkung) aus. Diese formenden und die sichtbare Welt zusammenhaltenden Kräfte sind raffiniert ausbalanciert – bis auf 58 Stellen nach dem Komma. Würde ihre Stärke an der 57. Stelle nach dem Komma von ihrer tatsächlichen Größe abweichen, so wäre das Universum nicht in der jetzigen Form entstanden. Kurz nach Bildung der vier Grundkräfte hatte sich das Universum so weit abgekühlt, dass sich Protonen und Neutronen bildeten und aus diesen die Atomkerne.

Es dauerte dann aber 380.000 Jahre, bis das Universum kühl genug war, um die Verbindung von Atomkernen und Elektronen zu Wasserstoff- und Helium-Atomen zu erlauben. Der Einfluss der Gravitation führte einige hundert Millionen Jahre später zur Bildung der ersten Sterne, die nach einer Zeit der Dunkelheit im Universum für Licht sorgten. In den Sternen wird Wasserstoff zu immer schwereren Elementen (wie Kohlenstoff, Stickstoff, Sauerstoff) verbrannt - bis hin zum Eisen. Diese Elemente wurden Jahrmilliarden später in neuen Sonnensystemen zu Bausteinen des Lebens. Auch unsere Erde und wir selbst sind aus den in den Sternen geschmiedeten Elementen entstanden.

Wenn Astronauten in den Weltraum blicken, sehen sie in eine dunkle Welt mit einer lebensfeindlichen Sphäre. Mittendrin aber strahlt ein wunderschöner blauer Planet – ihre Heimat. Ein zartes und empfindliches Mysterium voller Leben – in einem Kosmos zwischen atomarer Glut und tödlicher Kälte. Wie kam es zu dieser außergewöhnlichen Stätte mitten im lebensfeindlichen Raum? Neben dieser Frage stellt sich auch noch eine andere: Was haben wir eigentlich auf diesem Planeten verloren? Sind wir nur ein zufälliges und sinnloses Stäubchen im Universum, das mit dem Planeten wieder untergeht? Oder hat unser Dasein eine weitreichendere Bedeutung? Auf dies Problematik will die vorliegende Schrift eine Antwort geben.

Die Sinnfrage

Der Mensch wird ungefragt in eine Welt hineingeboren, die er nicht geschaffen hat – und deren Zweck er nicht versteht. Bevor die Menschheit kam, existierte bereits die Erde, die mit Klima, Bodenschätzen und Energievorrat auf uns vorbereitet war. Trotzdem sind die Erdbewohner in ihrer Existenz bedroht und haben ständig mit dem Überleben zu tun. Sie müssen sich einerseits um Nahrung kümmern, damit sie nicht verhungern. Andererseits müssen sie sich vor Kälte und Hitze schützen, brauchen also Kleidung, Behausung und Feuer. Doch nicht genug damit, ihr Leben ist auch durch Katastrophen und Feindseligkeiten untereinander bedroht. Sie brauchen Hilfseinrichtungen und Waffen um zu überleben. Als ob dies nicht schon reichte, kommt dazu noch die Bedrohung von innen. Bosheiten und Krankheiten aller Art versuchen die Planetenbewohner in ihrem Wirken lahm zu legen. Auch dagegen haben sie anzukämpfen. Schließlich haben sie es noch mit dem Tod zu tun. Unaufhaltsam kommt er, trotz allem Widerstand, und beendet jede Existenz im Kosmos. Friedhöfe gehören zu den ältesten Kulturstätten der Völker, und damit die Art nicht untergeht, müssen die Erd-Genossen sich auch noch ständig vermehren.

Welch Laune des Zufalls mag diesen Planeten entworfen haben, auf dem die Kreaturen so mühselig ums Überleben ringen? Macht es überhaupt Sinn sich darauf abzuplagen – wenn wir dabei nur warten auf einen Platz im Friedhofsgarten? Lohnt sich dieses kurze armselige Leben, das letztlich immer nur Knechtschaft und Elend gebiert? Schon diese wenigen Sätze zeigen, dass unsere Geburt auf einem Seitenarm in der Galaxis Milchstraße schwerwiegende Fragen aufwirft.

Unsere Erde existiert nicht allein. Unzählig viele Milliarden von Planeten mit ihren Sternen befinden sich im Kosmos. Die Sterne werfen ihr Licht auf die Planeten. Sind manche davon besetzt? Gibt es Leidensgenossen im Universum? Keiner weiß es. Nicht einmal die Größe des Weltraums ist bekannt. Je mehr sich die Menschenkinder mit ihrer weiteren Umgebung befassen, umso sinnloser erscheint ihnen dieser Kosmos. Was soll dieser gigantische Raum mit seiner lebensfeindlichen Sphäre? Wem soll er nutzen? Wie entstand und funktioniert er? Manche Erdenbürger gaben sich mit den offenen Fragen nicht zufrieden. Sie bauten Sternwarten, Satelliten und Teilchenbeschleuniger. Endlose Stunden verbringen sie heute noch am Schreibtisch, um die Botschaft der empfangenen elektromagnetischen Wellen zu entschlüsseln. Ihr Bestreben die Welt zu verstehen, hebt ihr Leben etwas über die tägliche Tretmühle des Verhängnisses und verleiht ihnen einen Hauch von tragischer Würde.

Bei ihren Forschungen sind die Erdenkinder jedoch relativ weit gekommen. Ihr Standartmodell der Kosmologie basiert auf dem Urknall vor etwa 13,8 Milliarden Jahren. Bei diesem Big Bang hat sich eine ungeheure Konzentration von Energie in Materie umgewandelt und dabei eine Raumzeitblase gebildet, die sich schnell ausdehnte und es heute noch tut. Wir befinden uns in dieser Blase. Was außerhalb von ihr ist wissen wir nicht. Einige hundert Millionen Jahre nach dem „Anfang" bildeten sich unter Einfluss der Gravitation die ersten Sterne, die im Universum für Licht sorgten. Der Sand und wir sind aus den in den Sternen geschmiedeten Elementen entstanden. Manchmal, wenn wir vom wühlen im Sand, der uns immer wieder zwischen den Fingern zerrinnt, innehalten und zum nächtlichen Himmel emporschauen, empfinden wir ein seltsames Heimatgefühl – denn wir sind Sternenstaub.

Auf den ersten Blick sieht es so aus, als ob die Astrophysiker eine zufriedenstellende Erklärung für die kleinsten und größten Strukturen der Welt gefunden hätten. Doch selbst hochkarätige Wissenschaftler stehen hilflos vor den tiefergehenden Fragen der Erdbewohner. Wie konnte ihr Universum aus dem „Nichts" entstehen? Existiert das „Nichts" überhaupt? Warum explodierte es? Wie konnte die Materie sich zu immer komplexeren Strukturen – bis hin zum Leben und zum Menschen – selbst organisieren? Gibt es vielleicht doch einen Schöpfer, der das ganze konstruierte? *Lemaitres* Antwort auf die Frage war (siehe Prolog), dass die Welt mit dem "Urknall" einem Schöpfungsakt Gottes entspringt - nach heutiger Erkenntnis vor rund 13,8 Milliarden Jahren. Und wenn dies stimmt, hat er mit den Menschen und dem Sternenhimmel eventuell noch etwas vor?

All dies mutet der Vernunft einiges zu: Vor allem die Vorstellung, dass aus einer Einheit, die kleiner war als ein Stecknagelkopf, Milliarden von Galaxien entstanden sein sollten. Darunter die Erde, als unvergleichliches Kunstwerk mit ihren Formen und Farben, dazu dem vielfältigen Leben, das organisch miteinander verbunden die Erde bevölkert. Die Vorstellung, dass dies alles zufällig aus dem Nichts entstanden ist, verlangt vom Menschen einen enormen Wunderglauben und wirft zugleich die Frage auf: Zu was dies alles, wenn am Ende nichts als der Untergang steht. Zufällig aus dem „Nichts" kommend, um wieder im „Nichts" zu zerfallen! Gibt es etwas Sinnloseres? Und dafür soll man auch noch ein schweres Schicksal auf sich nehmen? Wer will es da tadeln, dass manche hinter den dunklen Vorhang schauen wollten und sich aufmachten um den Berg der Erkenntnis zu besteigen. Wir wollen es jetzt auch, also beginnen wir mit dem Aufstieg. Es geht darum zu klären: Zu was dient der Kosmos und was haben wir darin verloren?

Das anthropische Prinzip

In der Geschichte der Menschheit wurde die Erde meist als Zentrum des Weltalls angesehen. Diese Vorstellung war Teil einer Weltanschauung, die man in allen Kulturen antrifft. Jeder sah sich selbst als Mittelpunkt aller Dinge. 1543 stellte Nikolaus Kopernikus ein neues Modell vor. Im Mittelpunkt stand die Sonne, um die die Erde kreiste. Eine Weltanschauung, die spätere Untersuchungen von Kepler, Galilei und Newton bestätigten. Es dauerte also kaum länger als 100 Jahre, den Menschen seiner Vormachtstellung zu berauben und ihn zu einem

Bewohner eines nicht besonders großen Planeten zu machen, der um einen unbedeutenden Stern kreist. Diese neue Weltsicht fiel in die Zeit einer intellektuellen Revolution. Es entstand eine moderne, auf Beobachtungen und Experimente beruhende Wissenschaft, die von mathematischen Analysen untermauert wurden. Die Degradierung des Menschen schien perfekt in dieses mechanistische Universum zu passen.

Im 20. Jahrhundert erlitt unser Weltbild mit der Relativitäts- und der Quantentheorie einen schweren Schock. Die alten Vorstellungen wichen einem erweiterten Weltbild, in der z. B. Zeit und Raum von Geschwindigkeit und Schwerkraft abhängig sind. Auch machte die Astrophysik große Fortschritte, so dass sie den Aufbau und die Funktion des Kosmos besser verstand. Es stellte sich heraus, dass die vier Grundkräfte (Gravitation, Elektromagnetismus, Starke und Schwache Wechselwirkung) präzise auf einander abgestimmt sind. Unser Weltall steht dabei auf Messers Schneide. Nehmen wir an, die Summe aller Sandkörner an den Weltmeeren steht für die Genauigkeit der Grundkräfte. Würde ein Sandkorn weggenommen, oder eines hinzugefügt – das Weltall hätte so nicht entstehen können - und wir bräuchten uns jetzt darüber keine Gedanken machen.

Manche Wissenschaftler vermuten, dass das Universum für die Entstehung von Leben angelegt wurde. Der bekannte Astronom *Brandon Carter* veröffentlichte 1974 sein anthropisches Prinzip: Das Universum sei nur geschaffen worden, um Menschen und intelligentes Leben hervorzubringen. Die Behauptung löste Kontroversen aus, da dieses Prinzip nicht wissenschaftlich, sondern metaphysisch sei. Die Idee wird jedoch in dieser Abhandlung bevorzugt um den Zusammenhang zwischen dem Weltall und den Menschen darzustellen. Eines Tages werden wir sehen, welche Stellung wir tatsächlich im gesamten All haben.

Freilich erhebt sich dabei die Frage: Befinden wir uns als einzige in dieser privilegierten Lage oder gibt es im Universum noch andere intelligente Wesen? Versuche der Kommunikation mit außerirdischen Wesen blieben bisher ohne Erfolg. Radio- und Fernsehsignale werden schon seit Jahrzehnten ins All gesandt, ohne dass wir bis jetzt eine Antwort erhalten hätten. Viele Bücher wurden über das vermutliche Auftreten von Außerirdischen geschrieben. Um diese Aliens hat sich eine große Fan-Gemeinde gebildet. Viele Romane hatten die Außerirdischen zum Thema und manche Filme wurden über sie gedreht. Meistens wurden die Aliens darin als kleine verhutzelte Männchen dargestellt. Glaubwürdig belegt wurde aber ihre Anwesenheit in keinem Fall.

Dennoch gibt es Außerirdische, sie haben unsere Geschichte und auch unser Leben beeinflusst. Das ist zwar eine kühne Behauptung, doch sie ist besser dokumentiert als die Geschichten über die verhutzelten Männchen. Es sind Engel, von denen hier die Rede ist. Sie sind die echten Außerirdischen. Wahrscheinlich sind es sogar Außerkosmische. Jedenfalls stammen sie nicht von hier. Zahllos sind sie bekundet. Der Schluss aber, dass die echten Außerirdischen Engel sind, wird nur selten vollzogen. Doch selbst in Berichten über Weihnachten oder Ostern kommen sie vor. Dass man sie so wenig ernst nimmt und ihr Auftreten nicht wissenschaftlich untersucht, hängt wohl damit zusammen, dass man sie der religiösen Schiene zuordnet. Dennoch sind es die von außerirdischen Welten kommenden Aliens die den Erfahrungshorizont der Erdkinder erweitern. Drei große Hauptreligionen, die jüdische, die christliche, sowie der Islam, sind durch „der Engel Geschäfte" entstanden. Die Außerirdischen haben die transzendente Welt in das Dasein der Erdkinder hineingetragen - so entstanden z. B. die Offenbarungsreligionen.

Die Engel sind jedoch nicht die einzigen Außerirdischen, die auf uns Einfluss nehmen. Es gibt auch Anti-Engel – die Dämonen. Sie sind ebenfalls Außerirdische, die aus der gleichen Fremde kommen und aus dem gleichen ‚Holz' geschnitzt sind wie die Engel selbst. Sie aber tragen ein anderes Vorzeichen und sind dem Menschen feindlich gesinnt. Die Menschheitsgeschichte wurde mit Blut und Tränen geschrieben. Das ist zutiefst unvernünftig. Wir Planetenbewohner haben genügend Probleme, mehr, als dass wir uns auch noch gegenseitig bekriegen und vernichten müssten. Es gibt offensichtlich Kräfte, die den Menschen irrational beeinflussen. Wir können daher annehmen, dass widerstreitende unsichtbare Mächte unsere Entwicklung mit beeinflussten. Von daher sollten wir ihre Existenz wenigstens erwähnen.

Die biblische Version der Schöpfung

„Am Anfang schuf Gott Himmel und Erde", so steht es auf der ersten Seite der Bibel. Und die Erde war wüst und leer, wie die übrigen Planeten im Weltall, und der Geist Gottes schwebte darüber. Danach entstanden aus den Elementen, die in den Sternen geschmiedet wurden, die Natur, die Kreatur und zum Schluss der Mensch. *„Gott der Herr machte den Menschen aus einem Erdenkloß und hauchte ihn seinen Geist ein."* Genesis 2.

In der biblischen Schöpfungsreihe steht der Mensch an letzter Stelle. Er ist der Schlusspunkt des Universums. Nach ihm wurde kein Wesen mehr geschaffen. Atomar ist er mit den Sternen verbunden, Molekular mit der Natur, vom Körperbau her mit der Kreatur und vom Geist her mit Gott. In ihm vereint sich ein materieller Teil mit einem geistigen Bereich. Beim Tod trennen sich die beiden Kreisläufe wieder. Jeder Bereich geht erst einmal dahin wo er hergekommen ist.

Der Mensch hat als Abschluss der Schöpfung auch alle Fähigkeiten der Kreatur in sich. Schon die Kiemen- und Schwanzansätze am Embryo im Mutterleib weisen darauf hin. Der Mensch kann schwimmen, tauchen, klettern und fliegen – wenn er sich die erforderlichen Ausrüstungen dazu auch bauen muss. Und er kann damit die Fische, Tiere und Vögel überbieten. Jeder

Adler würde sich bei seinem Schöpfer laut kreischend beschweren, wenn er z. B. die Flugfiguren von einem Kunstflugprogramm ausführen müsste. Selbst den Navigationssinn der Zugvögel hat der Mensch in sich. Wer es nicht glaubt, lese die nachfolgende Aussage vom Überlandflieger Helmut Hirth, bei einem 600 Kilometer langen Preisflug Berlin – Breslau – Wien vom 09. bis 11. Juni 1912, bei dem er mit seiner „Rumpler Taube" Sieger wurde. Wiederholt hatte er sich über die Wolkendecke gewagt.

„Ein neuer Wolkendurchblick! Wir sahen, dass wir die Berge überflogen und verlassen hatten. Obwohl ich nach der Sonne flog, korrigierte ich häufig nach meinem sicheren Gefühl ohne erkennbaren Grund die Richtung." Zum Thema Navigation ließ Hirth verlauten: „Interessant ist, wie sich bei den einzelnen der Orientierungssinn entwickelt. Es geht dann dem Flieger allmählich ein gewisses Gefühl für Richtung in Fleisch und Blut über. Ein unwiderstehlicher Drang, er müsse weiter nach links oder rechts fliegen, und ein scharfes Empfinden dafür, ob er sich verirrt hat oder nicht. Ich kann das Gefühl nicht näher zerlegen; es scheint mir auf ungewisse Grundlage zu stehen und ist doch so sicher. Es muss eine Art Instinkt sein."

In unserer Zivilisation ist dieses „sichere Gefühl" nicht mehr ausgeprägt. Man verlässt sich lieber auf sein „Navi". Bei entsprechendem Training würde es sich aber wahrscheinlich wiedereinstellen. Wichtiger aber ist der kollektive Navigationssinn. Wo geht unsere Reise überhaupt hin? Sind wir auf dem richtigen Weg? Oder müssen wir unseren Kurs korrigieren?

Vor ca. 3400 Jahren war Mose ein Führer des Volkes Israel. Er sollte das Volk aus Ägypten durch die Wüste in das „Gelobte Land" führen. Er konnte seinen Auftrag jedoch nicht vollenden. Nach der Wüstenwanderung erklomm er den Berg Nebo in der Nähe von Jericho. Von dort aus sah er das verheißene Land – ohne je hineinzukommen. Auf dem Berggipfel stehend starb er. Der Volksführer Mose steht dabei stellvertretend für viele, die einen Blick vom Berg der Erkenntnis in ihr Sehnsuchtsland tun durften, ohne jemals dorthin zu gelangen. Die drei Etappen, die das Volk Israel hinter sich brachte, zeigen uns aber gleichnishaft welche Schicksal-Epochen die Menschheit hinter sich zu bringen hat. Ägypten steht für die Erdenzeit. Knechtschaft und Elend, unter der Peitsche des Treibers, sind das Markenzeichen unseres Erdenaufenthaltes. Beim Durchzug durch die Wüste wurde das Volk Israel dagegen fremdversorgt. Es bekam Nahrung und wurde nicht krank. Die Kleidung veraltete nicht. Tagsüber gab eine Wolkendecke Schatten, des Nachts eine Feuersäule Wärme. Wer wollte, konnte vor seinem Zelt sitzen und durch den Tag träumen. Der Zwang der Vergangenheit war vorbei. Es war eine Zeit des zu Ruhe Kommens und der Besinnung, der Ablegung der Götter der Vergangenheit und des Ausrichtens auf das Kommende. Aber es war auch eine Zeit des Gerichtes. Die Rebellion im Herzens wurde abgebaut. Und wer nicht ins gelobte Land wollte blieb zurück. Danach begann die Eroberung des verheißenen Landes.

Dem Menschheitsgeschlecht wird durch diese biblische Geschichte die Dreiteilung seines Werdegangs vorgebildet:

1. Die Erdenzeit mit Ihrer Mühe und Arbeit, sowie den Schicksalsschlägen (entspricht Ägypten).

2. Das Totenreich mit der Erdenzeitaufarbeitung und dem Endgericht (entspricht der Wüstenwanderung).

3. Das erneuerte Universum als Ort von unserm kommenden Wirkungsbereich (Heimat oder das gelobte Land).

Einige Visionen der Menschen

Nach *C. G. Jung*, Schüler von *Sigmund Freud* (Vater der Psychoanalyse), gibt es nicht nur ein persönliches Unterbewusstsein. Er stellte fest, dass es Bilder und Vorstellungen in allen Menschen gibt, die nicht erlernt werden müssen, sondern einfach so „da" sind. Diese „Archetypen" sind Urbilder der Menschheit, wie zum Beispiel *der Vater*, die Heimat, und anderes mehr. Er nannte dies das **kollektives Unterbewusstsein** – kollektiv, weil alle dieses (Unter-)Bewusstsein haben, ohne sich verbal abstimmen zu müssen. *Jung* stellte sich das Bewusstsein vor wie Inseln, die aus dem Meer ragen. Sie scheinen getrennt, sind es aber nicht. Was die Inseln verbindet ist unsichtbar, weil es unter der Wasseroberfläche verborgen ist. Das, was *Sigmund Freud* das Unterbewusstsein nannte, sah *Jung* in einen allgemeinen Bereich übergehen – in geistige Inhalte, mit denen alle Menschen verbunden sind (im Bild der Meeresgrund). Aus diesem kollektiven Unterbewusstsein kommen Begriffe und Geschichten, die jeder kennt (intuitiv), und die nicht erlernt werden müssen. *Jung* stellte das fest, indem er Worte und Vorstellungen verschiedenster Völker miteinander verglich, und Gleichheiten erkannte.

So kommen z. B. in allen Vorstellungen, in irgendeiner Form, das „verlorene Paradies" und die zerbrochene Gemeinschaft mit dem „Schöpfer" vor. Aus diesem prähistorischem Untergrund steigen dann die Religionen und Ideologien auf – auf der Suche nach dem Sehnsuchtsland, dem verlorenen Glück und der Versöhnung mit dem wahren Gott.

Aber nicht nur aus „nebelhafter Vergangenheit" steigt das Verlangen nach einer besseren Welt, sondern auch aus den Unzulänglichkeiten der Gegenwart. Beispielsweise musste das Volk Israel in Ägypten Sklavenarbeit leisten, beim Erstellen der Bauwerke für die Pharaonen und sehnte sich nach Freiheit und einem eigenen Land.

Doch nicht nur die Vergangenheit oder die Missstände der Gegenwart, sondern auch das persönliche durchlittene Leid erwecken im Menschen das Verlangen nach etwas Besserem.

Wer will es verdenken, dass daraus Visionen von einer „neuen schönen Welt" entstanden – die man auch versuchte umzusetzen. Durch Gesellschaftsordnungen, Humanismus, Technik, Ideologien und Religionen, bemühte man sich „das verlorene Paradies" wiederherzustellen. Wenn es nicht gelang – und es ist nie gelungen – so versuchte doch das Individuum sich seine verborgenen Gärten anzulegen, indem es sein privates Glück pflegen konnte.

Mit dem Begriff Religionen sind die von Menschen gebastelten Vorstellungen gemeint. Das Juden- und Christentum ist dagegen eine Offenbarungsreligion und fällt nicht darunter. In der vorliegenden Schrift wird die biblische Offenbarung mitverwendet, um die Zukunft der Menschheit unter dem Sternenhimmel aufzuzeigen. Die daraus entstandene Perspektive ist mit der Geschichtsforschung und den physikalischen Gesetzen abgestimmt. Im Folgenden werden aber erst einmal ein paar menschliche Visionen dargestellt.

Die Französische Revolution von 1789 bis 1799

Mit dem Motto *Freiheit, Gleichheit, Brüderlichkeit (Liberté, Égalité, Fraternité)* gehört die Französische Revolution zu den folgenreichsten neuzeitlichen Visionen. Die Abschaffung des feudal-absolutistischen Ständestaats, sowie die Propagierung einer neuen gottlosen Welt mit den Ideen der Aufklärung, war ihr Ziel. Besonders die dabei geforderten Menschenrechte – waren mitursächlich für tiefgreifende macht- und gesellschaftspolitische Veränderungen in ganz Europa.

Im Paris war im Namen der Menschenrechte die Bastille erstürmt worden. Danach pflanzte sich die revolutionäre Welle schnell durch ganz Frankreich fort. Da die Revolutions-

Regierung unter Geldmangel stand, wurden erst Kirchen enteignet. Danach vollzog sich die Enteignung der Besitzenden, zumeist der Adligen. Die Guillotine herrschte. Und jeder fiel ihr zum Opfer, der sich der Vernunftreligion nicht unterwarf oder der Besitzgier oder sonstigen Wünschen der Machthaber entgegenstand.

Die Terrorherrschaft führte in Frankreich zu 16.594 Todesurteilen, vollstreckt durch die Guillotine, davon über 2500 in Paris. Dabei sind Opfer, die ohne Prozess getötet wurden oder in Gefangenschaft starben, nicht mitgerechnet. Ihre Zahl wird von einigen Historikern auf etwa 40.000 geschätzt.

Die an sich wunderbare Idee von Freiheit, Gleichheit und Brüderlichkeit wurde durch das Blut der vielen Tausenden von Hingerichteten entwertet und entehrt – eine Langzeitwirkung, die nicht nur innerhalb Frankreichs zur Geltung kam. Die Revolution erregte in ganz Europa Angst und Schrecken. Gerade in Deutschland wandten sich viele Bürger, die zunächst den revolutionären Aufbruch in Paris und Frankreich gefeiert hatten, erschreckt von der französischen Republik ab und kehrten zu konservativeren Positionen zurück. Die Dreiheitsparole der Französischen Revolution schuf kein Paradies. In Wirklichkeit ist sie unter den großen Utopien einzureihen, die die Selbsterlösung der Menschheit vergeblich anzubahnen versuchten.

Zu der Dreiheitsparole ist philosophisch anzumerken: Freiheit ist das Vermögen zum Bösen. Wenn Gleichheit dadurch erreicht wird, dass alle unter einer gottlosen Vernunftreligion gezwungen werden, dann endet die Brüderlichkeit unter der Guillotine. Gerade die Französische Revolution zeigte, dass die Menschheit noch nicht gelernt hatte mit der Freiheit richtig umzugehen.

Hambacher Schloss und die deutsche Flagge

Seit 1832 zum ersten Mal die schwarz-rot-goldene Fahne auf dem Kastanienberg bei Neustadt an der Weinstraße wehte, gilt das **Hambacher Schloss** als Wiege der deutschen Demokratie. Das **Hambacher Fest** am 27. Mai 1832. war sicherlich die wichtigste Episode in der Geschichte des Schlosses. Es gilt zu Recht als eines der bedeutendsten Ereignisse der deutschen Demokratiegeschichte. Die Teilnehmer und Redner des Festes forderten die nationale Einheit Deutschlands sowie ein „konföderiertes republikanisches Europa", Presse-, Meinungs-, Versammlungsfreiheit und die Gleichberechtigung der Frauen.

Bis 1815 gehörte die heutige Pfalz zur französischen Republik und konnte sich der bürgerlichen Rechte erfreuen, die im Code Napoleon niedergelegt waren. Die Bürger besaßen das Recht auf Freiheit der Person, des Eigentums und des Gewerbes, die Richter waren unabhängig und die Gerichtsverfahren öffentlich. In Strafprozessen urteilten Geschworenengerichte. Nach dem Ende der Napoleonischen Herrschaft fiel die Rheinpfalz nach dem Wiener Kongress an das viel rückschrittlichere Königreich Bayern. Dies führte zu erheblichen Einschnitten bei den Freiheitsrechten. Hohe Zölle und Steuern belasteten die vormals florierende Wirtschaft.

Ab 1830 verschärfte der bayerische König die Zensur der Zeitungen, ließ liberale Staatsdiener maßregeln und die Vereins- und Versammlungsfreiheit einschränken. Aus Protest gegen diese Entwicklung luden 32 Neustadter Bürger zu einem Fest, am 27. Mai 1832, auf dem Hambacher Schloss ein. Gemeinsam mit allen „deutschen Stämmen" sollte über die politische Zukunft Deutschlands beraten werden.

Dem Aufruf folgten etwa 30.000 Menschen aus der Pfalz und anderen deutschen Territorien - Männer und Frauen aus unterschiedlichen gesellschaftlichen Schichten, außerdem Delegationen aus Frankreich und Freiheitskämpfer aus Polen. Am

Abend des 26. Mai und am frühen Morgen des 27. Mai 1832 begannen die Feierlichkeiten in Neustadt mit dem Geläut aller Glocken, einem mehrstündigen Geschützfeuer und Freudenfeuern auf den höchsten Punkten des Haardt-Gebirges. Und dann begann der Aufstieg zum Schlossberg, nicht nur um ins fruchtbare Rheintal zu schauen, sondern in das ersehnte „gelobte Land".

Der Festzug bewegte sich vom Neustadter Marktplatz zur Schlossruine. In der Mitte der Menge wurde die schwarz-rotgoldene Fahne mit der Aufschrift „Deutschlands Wiedergeburt" geschwungen. Die Feier auf dem Hambacher Schloss, die auch Züge eines Volksfestes trug, wurde zu einem „Nationalfest der Deutschen". Viele verschiedene Redner trugen ihre Vorstellungen eines neuen besseren Deutschlands vor. Neben dem Wunsch nach einer Einigung Deutschlands, das in viele Territorien zersplittert war, standen Forderungen nach einer konstitutionellen Monarchie oder sogar nach der Demokratie als Regierungsform. *Philipp Jakob Siebenpfeiffer* rief dazu auf, dass die Deutschen sich nicht mehr wie Knechte unter das Joch ihrer Fürsten beugen sollten. Er prophezeite ein wirtschaftlich geeintes Europa, in dem Frauen und Männer gleichberechtigt seien und in dem das Volk seine nationale Einheit durchsetzen werde.

Als Reaktion auf das Hambacher Fest ließ der bayerische König bayerische Truppen in der Pfalz einrücken. Es gelang ihnen in kurzer Zeit, die fortschrittlichen Bestrebungen in der Pfalz zu unterdrücken. Viele Beteiligte mussten ins Exil fliehen oder wurden in Landau vor Gericht gestellt, darunter auch *Philipp Jakob Siebenpfeiffer.*

Was blieb, ist die deutsche Flagge mit den Farben: Schwarz, Rot und Gold. Schwarz ist das Symbol für die dunkle Vergangenheit, aus der wir kommen (einer Geschichte die mit Blut und Tränen geschrieben wurde). Rot bedeutet, dass wir auf einem blutdurchtränkten Boden stehen und darüber das Morgenrot eines goldenen Zeitalters aufgeht - das Gelobte Land, welches alle Visionäre vor sich sahen und auf das wir bis heute noch warten.

Karl Marx (1818 – 1883)

ist einer der großen Visionäre der Menschheit, der auf den Berg der Philosophie stieg und vor sich das gelobte Land sah - die klassenlose Gesellschaft. Seine Ideologie brachte zeitweise die halbe Menschheit (u. a. Sowjetunion und China) in ihrem Bann. Nach *Marx* ist die Religion „ein Seufzer der bedrängten Kreatur, das Gemüt einer herzlosen Welt, wie sie der Geist geistloser Zustände ist". Wobei man sagen muss, dass der von *Marx* begründete Kommunismus selbst aus dem „Seufzer der bedrängten Kreatur" (dem verelendeten Proletariat) kam. Seine Ideologie (mit dem Sündenfall in die Klassengesellschaft und dem Paradies der klassenlosen Gesellschaft) ist lediglich eine Pseudoreligion, in der Illusionen verkauft wurden.

In gewisser Weise war *Karl Marx* ein Bewunderer des Kapitalismus. Dieses Wirtschaftssystem habe *"massenhaftere und kolossalere Produktionskräfte geschaffen, als alle vergangenen Generationen zusammen. Unterjochung der Naturkräfte, Maschinerie, Anwendung der Chemie auf Industrie und Ackerbau, Dampfschifffahrt, Eisenbahnen, elektrische Telegraphen, Urbarmachung ganzer Weltteile, Schiffbarmachung der Flüsse, ganze aus dem Boden hervorgestampfte Bevölkerungen - welch früheres Jahrhundert ahnte, dass solche Produktionskräfte im Schoß der gesellschaftlichen Arbeit schlummerten".*

Sätze, aus denen sich so etwas wie Respekt herauslesen lässt. Geschrieben haben sie *Karl Marx* und *Friedrich Engels* im "Manifest der Kommunistischen Partei". Circa 170 Jahre ist das her. Es waren hellsichtige Beobachtungen. Die Industrialisierung hatte gerade erst begonnen, da war den beiden bereits klar, welch fundamentale Umwälzungen um sie herum stattfanden. Das neue System würde alles verändern - nicht nur zum Guten, das war ihnen bewusst. Die räumliche Konzentration der

Produktion habe *"enorme Städte geschaffen, sie hat die Zahl der städtischen Bevölkerung gegenüber der ländlichen in hohem Grade vermehrt, und so einen bedeutenden Teil der Bevölkerung dem Landleben entrissen"*.

Marx und Engels beschäftigten sich mit den notvollen Problemen ihrer Zeit. Es ist ihnen hoch anzurechnen, dass sie ihre Erdenzeit dafür einsetzten um die Bedingungen für den neu entstandenen 4. Stand (Industriearbeiter) grundlegend zu verbessern. Knapp war damals Kapital. Unmengen davon waren nötig, um die Industrialisierung und das rapide Wachstum der Städte voranzutreiben. Die Vorteile der mechanisierten Massen-Produktion sorgten für das Entstehen großer, anonymer Einheiten: Fabriken, Ballungsräume, Nationalstaaten. Menschen hingegen waren damals ein reichlich vorhandener Produktionsfaktor; die Löhne waren entsprechend niedrig und die Lebensbedingungen häufig erbärmlich. Währenddessen das eingesetzte Kapital hohe Renditen erzielte, wurde der seiner Heimat entwurzelte Mensch in den neuen Fabriken ausgebeutet.

Der Kommunismus scheiterte. Marx gelangte, wie alle anderen Visionäre, nicht in das gelobte Land. Dennoch hat sein Bemühen mit beigetragen, dass der Sozialismus sich in vielen Ländern etablierte. Gewerkschaften entstanden und die Lage der Arbeiterklasse hat sich wesentlich verbessert.

Martin Luther King
„Ich bin auf dem Gipfel des Berges gewesen"

Am 4. April 1968 wurde Martin Luther King in Memphis/Tennessee, wo er zur Unterstützung des Müllarbeiterstreiks war, ermordet. Am Abend des 3. April hielt er in der Meason Temple Church in Memphis eine Ansprache, die später mit dem Titel "Berggipfelrede" versehen wurde. Viele, die diese Rede gehört hatten, waren überzeugt, King habe seinen Tod vorausgeahnt. Sicherlich war ihm der Gedanke durch eine Bombendrohung, die es vor seinem Abflug aus Atlanta gegeben hatte, und andere

Morddrohungen sehr nahe. King fasste in der hier verkürzt wiedergegebenen Rede seine Vision zusammen:

„Wisst ihr, wenn ich am Anfang der Zeit stünde und die Möglichkeit hätte, so etwas wie einen allgemeinen Überblick über die ganze Menschheitsgeschichte bis zum heutigen Tag zu gewinnen, und wenn Gott, der Allmächtige, zu mir sagen würde: "Martin Luther King, in welchem Zeitalter würdest du gern leben?", dann würde ich meinen geistigen Flug in Ägypten beginnen. Und ich würde Gottes Kinder beobachten bei ihrem Treck aus den dunklen Kerkern Ägyptens durch das Rote Meer, durch die Wüste zum Gelobten Land.

Trotz dieses großartigen Anblicks würde ich dort nicht stehenbleiben. Ich würde mich weiterbewegen und meinen Geist zum Olymp erheben. Und ich würde Plato, Aristoteles, Sokrates, Euripides und Aristophanes um den Parthenon versammelt sehen bei ihren Diskussionen über die großen und ewigen Menschheitsfragen. Aber ich würde dort nicht stehenbleiben. Ich würde mich weiterbewegen, zur Blütezeit des römischen Imperiums. Und ich würde die Entwicklungen unter den verschiedenen Imperatoren erleben. Aber ich würde dort nicht stehenbleiben. Ich würde sogar vordringen in das Zeitalter der Renaissance und einen kurzen Eindruck von den kulturellen und ästhetischen Leistungen der Renaissance erhalten. Aber ich würde dort nicht stehenbleiben. Ich würde sogar dort hingehen, wo der Mann, nach dem ich genannt worden bin, seine Heimat hatte. Und ich würde Martin Luther beobachten, wie er die 95 Thesen an die Kirchentür in Wittenberg nagelt. Aber ich würde dort nicht stehenbleiben.

So seltsam es anmuten mag: ich würde mich an den Allmächtigen wenden und sagen: "Wenn Du mir erlaubst, nur ein paar Jahre in der 2. Hälfte des 20. Jahrhunderts zu leben, dann bin ich glücklich." Freilich, das ist eine seltsame Erklärung, denn die Welt ist in ziemlicher Unordnung. Unsere Nation ist krank. Unruhe ist im Land. Verwirrung überall. Es ist eine seltsame

Erklärung. Aber ich weiß, dass man nur dann, wenn es dunkel genug ist, die Sterne sehen kann. Und ich sehe Gott am Werk in diesem Abschnitt des 20. Jahrhunderts - und zwar so, dass Menschen auf seltsame Weise antworten. Es geschieht etwas in unserer Welt. Große Menschenscharen erheben sich. Wo sie auch sind - sie sind ein Zeichen. Ob sie in Johannesburg (Südafrika), Nairobi (Kenia), Accra (Ghana), New York City, Atlanta (Georgia), Jackson (Mississippi) oder in Memphis (Tennessee) sind - der Schrei ist stets der gleiche: "Wir wollen frei sein!"

Ein weiterer Grund, warum ich glücklich bin, in dieser Epoche zu leben, ist dieser: wir sind gezwungenermaßen an einen Punkt gekommen, wo wir uns mit Problemen auseinandersetzen müssen, die in der Geschichte der Menschheit schon lange existieren, zu deren Lösung aber nie ein Zwang bestand. Wenn wir überleben wollen, müssen wir sie anpacken. Die Menschen haben jahrelang über Krieg und Frieden geredet. Aber jetzt können sie nicht mehr darüber reden. Es gibt in dieser Welt keine Wahl mehr zwischen Gewalt und Gewaltlosigkeit. Entweder Gewaltlosigkeit oder Nicht-Existenz. Genau an diesem Punkt stehen wir heute. So auch in der Revolution, in der es um die Menschenrechte geht. Wenn nichts getan wird - und zwar schnell -, um die Völker der Welt aus ihrem seit langem bestehenden Zustand der Armut, der Kränkung und der Vernachlässigung herauszubringen, dann ist die ganze Welt zum Untergang verurteilt. Ja, ich bin wirklich glücklich, dass Gott mir erlaubt hat, in dieser Periode zu leben, damit ich sehe, was sich schon entwickelt. Ich bin glücklich, dass er mir erlaubt hat, hier zu sein.

Nun, ich weiß nicht, was jetzt geschehen wird. Schwierige Tage liegen vor uns. Aber das macht mir jetzt wirklich nichts aus. Denn ich bin auf dem Gipfel des Berges gewesen. Ich mache mir keine Sorgen. Wie jeder andere würde ich gern lange leben. Langlebigkeit hat ihren Wert. Aber darum bin ich jetzt nicht besorgt. Ich möchte nur Gottes Willen tun. Er hat mir erlaubt, auf den Berg zu steigen. Und ich habe hinübergesehen. Ich habe das Gelobte Land gesehen. Vielleicht gelange ich nicht dorthin mit euch. Aber ihr sollt heute Abend wissen, dass wir, als ein Volk, in das Gelobte Land gelangen werden. Und deshalb bin ich glücklich heute Abend. Ich mache mir keine Sorgen wegen irgendetwas. Ich fürchte niemanden. Meine Augen haben die Herrlichkeit des kommenden Herrn gesehen."

So wie Mose kam Martin Luther King vorerst nicht in das „Gelobte Land". Am nächsten Tag wurde er erschossen. Er hat aber einen Blick tun dürfen in die Zukunft – und sah vor sich eine in Gerechtigkeit vereinte Menschheit.

Die Weisheit Salomons

All die aufgeführten Visionen sind aus unbefriedigenden Erdverhältnissen entstanden. Stets wurde daher eine bessere Welt angestrebt. Lassen wir zur Ergänzung noch jemanden zu Wort kommen, der alles erreicht hatte, was zu erreichen war. *Salomon* hatte mehr Glück und Gaben in seiner Hand vereinigt als irgendein Mensch auf dieser Erde. Königlicher Reichtum, alle Lust, jeder Genuss und alle Weisheit war sein. Er hat nie einen Krieg geführt und ein Friedensreich aufgerichtet. Von allen umliegenden Völkern wurde er bewundert und von allen Enden kamen Menschen um seine Weisheit zu hören. Sein Volk lebte in großen Wohlstand. Mit seinen tausend Frauen hat er in Saus und Braus gelebt, so wie es kaum einem Erdenbürger vergönnt war. Dennoch konnte er die Erdensituation nüchtern beurteilen. Doch lassen wir ihn auszugsweise selbst zu Wort kommen:

„Ich war König in Israel und richtete mein Herz, zu suchen und zu erforschen, alles was man unter dem Himmel tut. Ich selbst tat große Dinge: Ich baute Paläste, pflanzte Weinberge; ich machte mir Gärten und Lustgärten. Ich legte mir Teiche an, daraus zu wässern die Wälder. Ich hatte eine größere Habe denn alle die vor mir zu Jerusalem gewesen waren. Ich sammelte mir einen großen Schatz von Silber und Gold von den Königen und Ländern umher. Ich schaffte mir Sänger und Sängerinnen an, und die Wonne der Menschen, allerlei Saitenspiel. Ich nahm zu

über alle, die vor mir gewesen waren; auch blieb meine Weisheit bei mir. Alles, was meine Augen wünschten, das ließ ich ihnen und wehrte meinem Herzen keine Freude, dass es fröhlich war von aller meiner Arbeit. - Da ich aber ansah alle meine Werke, die meine Hand getan hatten, und die Mühe, die ich gehabt hatte, siehe, da war alles eitel und Haschen nach dem Wind und kein Gewinn unter der Sonne.

Schließlich wandte ich mich um und sah an alles Unrecht, das geschah auf Erden; und siehe, da waren Tränen derer, so Unrecht litten und hatten keinen Tröster; und die ihnen Unrecht taten waren zu mächtig. Da folgerte ich, dass der Tod besser ist als das Leben, und dass der am besten dran ist, der nicht geboren wurde, und des Bösen nicht innewird, das unter der Sonne geschieht."

Salomon hat weder den Berg der Erkenntnis bestiegen noch über seinen irdischen Tellerrand geblickt. Seine Philosophie hat er unter der Voraussetzung erarbeitet, dass nach dem Tod alles aus ist. Dennoch ist sein Buch (Ekklesia) eines der bedeutendsten Lehrbücher der Weltliteratur. Es war eine großartige Leistung, vom Stand der höchsten Lebenslust, eine so scharfe und nüchterne Analyse des irdischen Daseins zu treffen. Damit wird denjenigen, die Himmel und Jenseits als puren Wahn bezeichnen, vor Augen geführt, dass ihr „Dasein" nur ein sinnloses Haschen nach dem Wind ist.

Diejenigen aber, denen es vergönnt ist den Berg der Erkenntnis zu erklimmen, sehen weiter als *Salomon*. Sie blicken in ein Zukunftsland mit einer grandiosen Perspektive. Wer dabei weit genug sieht, erkennt auch, dass die irdische Mühsal und das unverständliche Leid zu einer Saat werden, die die kommende Welt zu immerwährender Schönheit erblühen lässt.

Weltverbesserung durch Technik

Auch die Technik hat kein anderes Ziel, als das „verlorene Paradies" wieder zu herzustellen. Im Grunde ist die Technik eine Zusammenarbeit zwischen Gott und Mensch. Schöpfer und Geschöpf gestalten gemeinsam die Infrastruktur dieser und jener Welt. Gott hat das Material, die physikalischen Gesetze und die Energievorräte geliefert. Wir bauen damit Gebäude, Brücken, Straßen und betreiben Fahrzeuge, Maschinen sowie Anlagen.

Erfinder und Ingenieure haben das Leben auf Erden mehr verändert als es je Philosophen, Ideologen oder Theologen taten. Sie haben die äußeren Lebensbedingungen auf unserem Planeten wesentlich verbessert.

Noch im Mittelalter musste beispielsweise ein Handwerker in der Woche 60 Stunden arbeiten. Er bekam keinen Urlaub und keine Rente. Wurde er längerfristig krank, verelendete er, falls er nicht von seiner Sippe versorgt wurde. Reisen konnten nur Fürsten und wollhabende Bürger, und dies war ziemlich langwierig und unbequem.

Heute bekommt der Durchschnittsbürger 6 Wochen Urlaub und arbeitet weniger als 40 Stunden in der Woche. Er ist im Krankheitsfall abgesichert und bekommt im Ruhestand ein Gehalt ausgezahlt. Im Krankheitsfall ist er abgesichert. Reisen in alle Welt ist für ihn nichts besonderes mehr. Dies alles ist durch die größere Ergiebigkeit der Technik möglich geworden.

Die Technik steht auf drei Säulen (Information, Energie und Materie). Ein wichtiger Meilenstein auf den Weg ins Technikzeitalter war die Erfindung der Buchdruckkunst. Der Buchdruck gehört zur Informationssäule und hat die Aufgabe Wissen zu speichern und zu verbreiten. Das Drucken mit beweglichen Lettern ermöglichte es, preisgünstig in großen Mengen gespeichertes Wissen auf Papier zu verbreiten. Ab dieser Zeit musste nicht jeder für sich das Rad neu erfinden. Jeder Tüftler konnte auf dem bislang Erreichten aufbauen. Die Erdgemeinschaft wurde jetzt zu einem Kollektiv, welches gemeinsam die technische Entwicklung vorantrieb. Dementsprechend erfolgte von da an der technische Fortschritt nach einer Wachstumskurve (Expotentialkurve). Proportional mit der Vermehrung der Erdbewohner wuchs nun auch ihr kreatives Schaffen.

Die Evolution von Pflanzen, Tieren und Menschen hat Millionen von Jahren in Anspruch genommen. Es ist daher schwierig, sie lückenlos nachzuweisen. Es fehlen Zwischenglieder und keiner hat die Entwicklung dokumentiert. Bei der Entwicklung der modernen Technik ist dies aber anders. Hier handelt es sich nur um einen Zeitraum von 600 Jahren, der dank der Buchdruckkunst gut dokumentiert ist.

Ein eindrucksvolles Beispiel dafür ist das **Diagramm 1**. Es zeigt die Entwicklung des historischen Personenverkehrs. Auf dem höchsten Entwicklungsstand des Postkutschenverkehrs kommt die Eisenbahn und verdrängte die Pferdefuhrwerke. Als die Eisenbahn am meisten genutzt wurde, kam das Kraftfahrzeug und mit dem Eisenbahnverkehr ging es abwärts. Zu erkennen ist aber, dass auch die Personenbeförderung mittels Kraftfahrzeug um die Jahrtausendwende ihren Höhepunkt entgegenstrebte. Von da ab beginnt die Elektromobilität. Sie war aber zu Beginn des 21. Jahrhunderts noch so gering, dass sie nicht im Diagramm erscheint. Der Übergang in das 3.Jahrtausend bringt also einen technischen Paradigmenwechsel in der Antriebstechnik mit sich.

Kurz gesagt: Die erste Säule der technischen Entwicklung ist geistiger Natur. Menschen konstruieren nützliche Maschinen und Anlagen aus den in den Sternen geschmiedeten Elementen. Die Entstehung der Technik ohne intelligente Urheber (Erfinder und Ingenieure) ist dabei nicht denkbar.

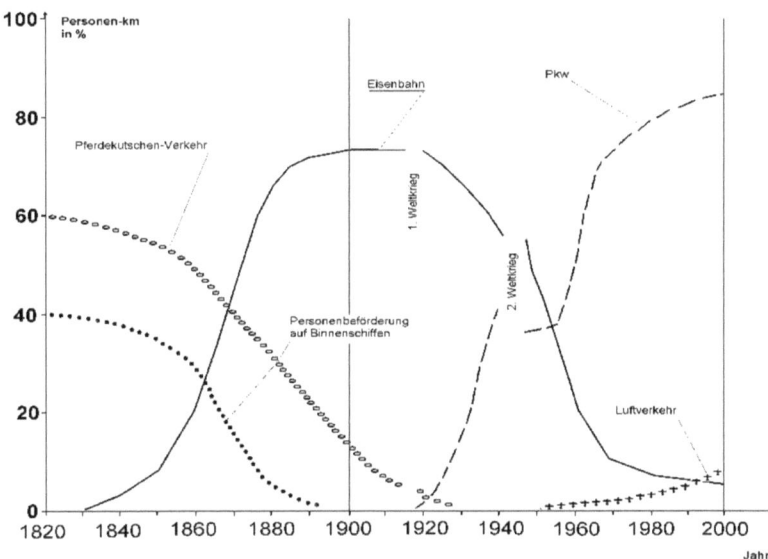

Diagramm 1: Entwicklung des Personenverkehrs

Warum aber begann erst im 15. Jahrhundert die moderne Technik sich zu entwickeln? Die Menschheit existierte doch schon über 100.000 Jahre. Sie hatte von Anfang an Bodenschätze und Energien. Die Menschen waren dazu genauso intelligent wie zu Luthers Zeiten. Zum Buchdruck, war nicht viel mehr nötig als Holz, Blei und eine Weinpresse, er hätte wahrhaftig schon früher gelingen können. Warum gerade in jener Zeit? Warum begann nach dem Mittelalter die Neuzeit? Was war das Geheimnis der Zeitenwende, die als Nebenprodukt auch die Technik hervorbrachte? Gab es irgendeine Zeitströmung aus mysteriösem Urgrund. Warum hat sich gerade in den christlichen Ländern die Technik entwickelt? Wenn man genauer hinschaut, stellt man dazu noch fest, dass sie vor allem in den reformierten Ländern entstand. Ja, auch Martin Luther hat mit der Entwicklung der Technikgeschichte zu tun!

Luthers Vorfahren (die eigentlich Luder hießen) waren allesamt Bauern. Doch sein Vater vollzog bereits einen Bruch mit dieser

31

langen ländlichen Geschlechterkette. Er wurde Hüttenmeister und auch Mineneigner im Kupferbergbau. In der Generationenreihe symbolisiert Luthers Vater bereits den Umbruch der Zeiten und den Aufbruch in die Neuzeit.

Die von Luther übersetzte Bibel ins Deutsche bildet die Grundlage des neuen Glaubens. Daraus erwuchs auch die Notwendigkeit, sie lesen zu können. Überall gründeten daher Landesherren und Stadträte Volksschulen, Lateinschulen und Universitäten. Auf dem Lande erteilte der Pfarrer den Unterricht. Das Bildungswesen wuchs und es war klar, nur wer im Lesen bewandert war, konnte mit seinem Erfindungsgeist auch an den vorhandenen Stand der Technik anknüpfen. Der Buchdruck **und** die Fähigkeit das Gedruckte lesen zu können hat erst die Wachstums-Lawine der technischen Entwicklung ausgelöst. Unter dem gemeinen Volk waren die Evangelischen die ersten, die das Lesen lernten. Dies hat wohl mit dazu beigetragen, dass hauptsächlich in den protestantischen Ländern die moderne Technik sich entwickelte.

Doch mit Luther verbindet sich noch etwas Wesentlicheres: Bis zur Reformation war die Muskelarbeit für die Menschen sehr wichtig. Sie mussten sich nicht nur abschinden um zu überleben, sie mussten sich auch mit guten Werken den Himmel verdienen. Der Ablasshandel war ein beredtes Zeugnis dafür. Der Mensch hatte sich auf vielerlei Art für Gott abzuquälen, um sein Wohlwollen zu erlangen und der Hölle zu entrinnen. In den religiösen Vorstellungen war Gott gewissermaßen ein Tyrann, der unerfüllbare harte Forderungen stellte und seinen Untertanen bei Übertretungen mit drakonischen Strafen drohte. Mit Luther kam eine Umkehrung und Befreiung von diesem Joch. Nicht die Erdbewohner hatten Werke für Gott zu bringen, sondern Gott erbrachte seine Werke für den Menschen. Alle erforderlichen Taten, um in den Himmel zu kommen, hat Gott für die Erdbewohner vollbracht und er hat auch die Mittel zur Technikentfaltung geschaffen. Nicht der Mensch dient Gott, sondern Gott dient dem Menschen, um ihn zum höchstmöglichen Stand zu bringen. Dies war ein Paradigmenwechsel in der Gotteserkenntnis.

Luther hat den Ausbruch aus der Religion und den Durchbruch zur Wirklichkeit geschafft. Er lenkte den Blick von den eigenen Werken zu den Werken Gottes. Als Nebenprodukt der neuen theologischen Erkenntnis entstand die moderne Technik. Der Schöpfergott hat ja nicht nur alles getan um die Menschen in den Himmel zu bringen, sondern er hat ihnen auch alle Materialien und Energien zur Entwicklung der Technik unter die Füße gelegt. Von nun an nutzten die evangelischen Erdenkinder unbekümmert was Gott ihnen bereitet hat: Naturgesetze, Metalle und Energien. Aus der Symbiose von Materie und Energie bauten sie Maschinen, die ihre Muskelkraft ersetzten. Wenn heute jemand mit dem Auto fährt oder mit einem Flugzeug fliegt, so wendet er die Werke Gottes an. Sowohl die Naturgesetze, das Material des Gefährtes, wie die Antriebsenergie stammt nicht aus Menschenhand, sondern ist Jahrmillionen zuvor bereitet worden. Auch wenn jemand nicht an einem Gott glaubt, so muss er doch anerkennen, dass die Technik auf etwas aufbaut und mit etwas betrieben wird, was nicht Menschenwerk ist.

Als Parabel dargestellt sieht dies folgendermaßen aus:
Ein Vater baut seinen Kindern einen Sandkasten. Er achtet sorgfältig darauf, dass der Kasten alle Stoffe enthält, die sie für ihre schöpferische Entfaltung brauchen. Nicht nur das, er verbirgt auch Energievorräte unter ihren Füssen, mit denen sie ihre Kreationen antreiben können. Die Absicht des Vaters ist nicht sich Knechte zu schaffen, sondern Ingenieure. Seine Kinder sollen im Sandkasten lernen sich schöpferisch zu entfalten um dem Vater gleich zu werden. Diese Erkenntnis macht den Kopf wieder frei. Von allem Ahnen-, Geister-, Dämonen- und Götterkult entladen, können die Kinder sich nun die Schätze und Gesetze des Sandkastens zunutze machen.

Wie sollen wir nun diese Säule der modernen Technik deuten? Ist es ein religiöses Standbein? Nein! Im Gegenteil - die Religionen hatten die Entstehung der Technik zu einem früheren Zeitpunkt verhindert. Sie belegten die Menschheit mit einem Bann. Wenn jemand aus den Naturreligionen einen bestimmten Baum fällen wollte, so hatte er Angst, dass ein Geist ihm an die Gurgel sprang. Wenn jemand in tiefer Erde nach Erzen grub, musste er sich vor dem Zorn der Götter fürchten. Ständig waren übergeordnete Mächte durch Opfergaben zu beschwichtigen oder man gab sich, wie im Islam, fatalistisch seinem verordneten Schicksal hin. Dies war kein Klima, in der eine kontinuierliche technische Entwicklung entstehen konnte. Die erste Säule hat etwas mit Befreiung zu tun – mit einer echten Aufklärung – mit einem geistigen Aufbruch.

Neben dem Buchdruck und Luther waren weitere geistige Grundlagen erforderlich, damit sich die Technik entfalten konnte. Mathematik ist die Sprache der Natur, die die Erdkinder erst langsam zu entziffern begannen. Für Techniker und Ingenieure der kommenden Zeit war das Verstehen und Anwenden der Naturgesetze unerlässlich. Sie mussten diese Sprache beherrschen, damit sie ihre Maschinen, Anlagen und Fahrzeuge sicher gestalten und verbessern konnten. Insbesondere kommt der Differential- und Integralrechnung (Infinitesimalrechnung) eine wichtige Bedeutung zu, weil man mit ihr ganze Prozesse beschreiben und damit auch optimieren kann. *Gottfried Wilhelm Leibniz* (1646 – 1716) hat den kommenden Technikern das Werkzeug dazu in die Hand gegeben. Er darf deshalb in der Ahnengalerie der Technikgeschichte nicht fehlen.

Einen bedeutenden Beitrag zur technischen Entwicklung hat auch *Isaak Newton* (1643 – 1727) geliefert. Er hat die Bewegungsgesetze der Natur entschlüsselt und sie in Formeln gekleidet. Seine Arbeiten sind heute noch Grundlage der Technik. Wenn auch die Relativitätstheorie von Einstein die Newtonschen Gesetze der Mechanik als Grenzfall auswiesen und ein wesentlich erweitertes physikalisches Weltbild brachten, so wird doch heute noch in der Technik mit den Gleichungen von Newton gerechnet.

Beim Wühlen im Sand, bzw. in der Erde, stießen die Menschen auch auf Kohle und Erze. Damit kommen wir zur zweiten und dritten Säule (Energie und Materie) der modernen Technik. Wären die Erdbewohner beispielsweise auf kein Eisen gestoßen, die Technik in der heutigen Form hätte nicht entstehen können. Eisen ist ein besonderer Stoff. Bei den Kernfusionen in den Sternen ist Eisen der Abschluss der Kernverschmelzungen bei denen Energie freigesetzt wird. Dieses Element hat damit die stärkste Elektronenbindung. Eisen ist gewissermaßen die Krönung der Sternenalchemie. Die Produktion schwererer Elemente erfordert dagegen Energiezufuhr.

Eisen hat auch eine geheimnisvolle Eigenschaft. Seine Atome strukturieren sich würfelförmig. Bei hohen Temperaturen sitzt in jeder Würfelseite flächenzentriert ein Atom. Bei Raumtemperatur schlägt die Würfelstruktur in rätselhafter Weise zu einem raumzentrierten Gitter um. Jetzt sitzt plötzlich ein Atom in der Mitte des Würfels. Beim Schmelzen aus den Erzen wird Eisen in der Regel mit Kohlenstoff angereichert (dadurch wird Eisen zu Stahl). Wenn nun der Umschlag von flächenzentrierter zur raumzentrierter Struktur erfolgt und dabei in der Würfelmitte bereits ein Kohlenstoff-Atom sitzt, so kommt es in der Struktur zu Spannungen, die das Material härten. Es kann dadurch so hart werden, dass man damit Glas schneiden und fast alle anderen Stoffe bearbeiten kann. Stahl ist also durch Abkühlung härtbar, wenn es eine bestimmte Menge an Kohlenstoff in sich hat. Dies ist kein esoterischer Spuk, sondern ein reales Fundament, auf dem die Technik aufbaut.

Stahl zeigt unter Belastung kein Kriechverhalten wie die übrigen Metalle. Würde man Brückenträger oder das Skelett eines Wolkenkratzers aus Kupfer oder Zinn herstellen, so würde selbst bei richtiger Festigkeitsberechnung das Material mit der Zeit unter der Last nachgeben. Eine Eisenbahnschiene aber, die beispielsweise 30 Jahre gekrümmt in einer Kurve befestigt war, wird nach dem Losschrauben wieder in die gerade ursprüngliche Form zurückschnellen. Das Element Eisen ist für die Technik wichtiger als Gold.

Salopp könnte man sagen, die Technik ist eine Geburt aus Dreck und Feuer. Ihre Bestands-Grundstoffe sind Metalle, die aus der Erde kommen und mit Feuer erschmolzen und geformt wurden. Wenn man die erforderlichen Mengen samt dem benötigten Brennstoff ermittelt, wird man unwillkürlich das Gefühl nicht los, dass hier jemand den Bedarf zumindest überschlägig berechnet haben muss, um ihn dann als Vorrat den Erdkindern unter die Füße zu legen. Das gilt insbesondere auch für das in der Erde lagernde Öl, welches bei fortgeschrittener Technik zu einem wichtigen Treibstoff für Fahrzeuge wurde.

Das Maschinenzeitalter gibt Dampf
James Watt (1736 – 1819)

Berthold Schwarz (Erfinder des Schießpulvers) und Gutenberg (Buchdruck) waren Vorläufer des Technikzeitalters. Luther, Leibniz und Newton wurden zu geistigen Wegbereitern, die die ideellen und theoretischen Grundlagen für die moderne Technik gelegt haben. Einer der bedeutendsten Praktiker des Maschinenzeitalters hieß James Watt.

Die erste Kraft, die sich der Mensch nutzbar machte, lag in ihm selber, die Kraft seiner Muskeln. Zwei schaffen mehr als einer, das war das Grundgesetz der Arbeit. Die schweren Statuen des Pharaos Ramses II. mussten zehntausende von Menschen bewegen. Die Wasser-Kraft ist im zweiten Jahrhundert vor Christi Geburt in Griechenland nutzbar gemacht worden - zum Antrieb von Mühlen und Bewässern von Feldern. Doch diese antike Erfindung hat sich keineswegs rasch verbreitet. In Deutschland wurde die Wassermühle erst im vierten Jahrhundert nach Christi Geburt bekannt. Die dritte Kraft, die der Mensch sich nutzbar zu machen wusste, war die des Windes. Aus einer alten

Handschrift ist zu entnehmen, dass wohl die Perser die ersten waren, die eine Windmühle konstruierten. Dieses Windrad war nicht in den Wind schwenkbar. Es wurde beim Bau auf die Hauptwindrichtung ausgerichtet. Kreuzfahrer brachten später die Konstruktion dieser Maschine nach Europa.

Im Jahre 1105 drehte sich in einem französischen Kloster eine der ersten Windmühlen in Europa zum nützlichen Gebrauch. Es war eine Windkraftmaschine, die auf einem drehbaren Bock gelagert war und sich damit in den Wind schwenken ließ. Dieser Typ hieß „deutsche Windmühle" im Gegensatz zu den Holländermühlen, bei denen sich nur das Oberteil in den Wind drehen ließ. Zu dieser Zeit hatte man also bereits die Elemente Wasser und Luft nutzbar gemacht. Der hochwürdige Bischof von Utrecht erklärte anno 1341 allen Ernstes, ihm gehöre der gesamte Wind der Provinz und wer diesen nutzen wolle, müsse an ihn, den Bischof, Pacht zahlen. Und die Menschen zahlten.

All diese Anlagen waren an einen Bach oder an den Standort des Windrades gebunden. Im 18. Jahrhundert hatte man in England schon vieles mechanisiert. Es gab Aufzüge und Kräne, Drehbänke und Eisenhämmer, doch alles musste schweißtreibend in Bewegung gebracht werden. Es fehlte eine bewegliche Antriebsmaschine. *Leonardo da Vinci* hatte bereits Feuermaschinen, Dampfapparate, ja sogar Dampfkanonen konstruiert. Zahlreiche historische Zeichnungen gibt es darüber. Aber ihm fehlte wohl das handwerkliche Können, um diese Maschinen zu bauen; vor allem aber das Material, das den Temperaturen und den erforderlichen Kräften standgehalten hätte.

Erst *James Watt* gelang es die bereits vorhandenen Dampfmaschinen soweit zu verbessern, dass sie zum Antrieb des Maschinenzeitalters wurden. 1764 erhielt Watt den Auftrag, eine Dampfmaschine nach der Bauart von Thomas Newcomen zu reparieren. Diese Maschine war wegen ihres großen Energieverbrauches berüchtigt. *Watt* beschloss, die Maschine nicht nur zu reparieren, sondern auch zu verbessern. Er lernte sogar

Deutsch, um deutsche Schriften zur Wärmetheorie zu lesen. Schließlich kam *Watt* die entscheidende Erkenntnis: Um das fortwährende, wechselweise Aufheizen und Abkühlen des Zylinders zu vermeiden, verlegte er die notwendige Kondensation des Wasserdampfes in einen separaten Behälter, den Kondensator. Zusätzlich isolierte er den Zylinder, um Wärmeverluste zu verringern. Er kam jedoch in finanzielle Schwierigkeiten. Erst 1769 fand er in dem Eisenfabrikanten *John Roebuck* (1718-1794) einen Finanzier und konnte seine Erfindungen patentieren lassen. Das Patent mit der Nummer 913 vom 5. Januar 1769 dokumentiert eine bedeutende Entwicklung der Technikgeschichte. *Watts* erste Verbesserung der Dampfmaschine ermöglichte gegenüber den Vorläufermodellen bereits eine Ersparnis an Steinkohle von über 60 Prozent.

Doch beim Bau einer ersten großen einsatzfähigen Dampfmaschine ergaben sich neue Schwierigkeiten. Es gelang zunächst nicht, einen dampfdichten Zylinder herzustellen. *John Roebuck* ging Bankrott. Mit Hilfe des Industriebarons *Matthew Boulton*, der *Roebucks* Nachlass übernahm, konnte *Watt* schließlich eine befriedigende Dampfmaschine herstellen. Sie wurde 1776 in der Fabrik von *John Wilkinson* installiert. *Wilkinson* hatte den führenden mechanischen Betrieb in Großbritannien. In der Folge fertigten *Boulton* und *Watt* in ihrer gemeinsamen Dampfmaschinenfabrik in Soho bei Birmingham Maschinen in Serie, die sie jedoch nicht verkauften, sondern vermieteten. Als Nutzungsentgeld verlangten sie ein Drittel der gesparten Betriebskosten.

1788 stattete *Watt* seine Maschinen mit einem Fliehkraftregler zur Regelung der Geschwindigkeit aus und 1790 komplettierte er seine Maschinen durch Erfindung eines Sicherheitsventils. Außerdem führte er die Pferdestärke (PS) als Maßeinheit für die Leistung ein. Die Dampfmaschinen von Watt erreichten schließlich einen Wirkungsgrad von 3 % - das sechsfache der Maschinen von Newcomen.

Die Umwandlung von chemischer in mechanische Energie wurde zuerst militärisch genutzt, z. B. bei den Schusswaffen. Die Kugel im Kanonenrohre wurde aber in dieser Zeit zum Kolben, der sich in einer Röhre hin und her bewegte und nützliche Arbeit verrichtete, z. B., dass er Pumpen oder Maschinen antrieb. Damit dämmerte über den Menschenkindern, die bisher im Schweiße ihres Angesichts ihr täglich Brot essen mussten, das Morgenrot eines neuen Zeitalters herauf. Die Antriebsenergie, die die Muskelkraft ersetzte, stammte aus der Erde, worin sie vor Millionen von Jahren bereitet und gespeichert wurde - lange bevor ein Mensch existierte.

Die Eisenbahn

Die Dampfmaschine, die James Watt verbessert hatte, wurde bald auch im mobilen Bereich eingesetzt. Schiffe, Landfahrzeuge, Dampfpflüge und sogar Fahrrädern wurden mit Dampf angetrieben. Die dominanteste Anwendung erfolgte in Schienenfahrzeugen. Wohl keine Erfindung des 19. Jahrhunderts hat die Lebensbedingungen und den Erfahrungshorizont der Menschen so radikal geändert wie die Eisenbahn.

Mit Volldampf in ein neues Zeitalter

Zum Beginn der zweiten Hälfte des 19. Jahrhunderts war das Eisenbahnnetz auf dem Gebiet des späteren Deutschen Reichs bereits auf 6.000 Kilometer angewachsen. Die Ausbaugeschwindigkeit des stählernen Netzes erfolgte mit einem Tempo, das alle anderen werdenden Industriestaaten übertraf. Die Vereinigten Staaten wurden um das Dreifache und England und Frankreich um das Doppelte übertroffen. Es war als hätte Deutschland nach der großen Katastrophe des 30jährigen Krieges etwas aufzuholen. Zweifelsohne hatte die Eisenbahn einen maßgebenden Anteil daran, dass Deutschland sich von den schlimmen Folgen des verheerenden 30jährigen Krieges erholen und zu einer bedeutenden Industrienation aufsteigen konnte.

Monat für Monat wuchs das stählerne Spinnennetz und die „silbernen Rollbahnen" verbanden Städte, Länder und Regionen und setzten neben einer ständig wachsenden Zahl von Gütern auch Jahr für Jahr mehr Menschen in Bewegung. Mit dem neuen aufstrebenden Verkehrsmittel verbanden sich hochgespannte Erwartungen. Für die damaligen Zeitgenossen verkörperte die Eisenbahn Aufbruchstimmung, Zukunftserwartung und Fortschritt. Die Bahnhöfe in den großen Städten wurden zu „Kathedralen des Fortschrittes". Diese Bauwerke der Moderne wurden manchmal, wie in Köln, direkt neben den eigentlichen Kathedralen errichtet und in ihnen entfaltete sich die säkulare Religion des 20. Jahrhunderts. Die Religion der Technik und des Fortschrittes.

Verbesserung der Wärmekraftmaschinen
Wilhelm Schmidt (1858 – 1924)

Der Einsatz von Dampfmaschinen in Kraftwerken, auf der Schiene und auf dem Wasser nahm lawinenartig zu. Doch den mit Dampf betriebenen Wärmekraftmaschinen hafteten noch erhebliche Mängel an. Während der Otto- und Dieselmotor bereits mit beachtlichen Wirkungsgraden aufwarten konnte, hatte die Dampfmaschine fast keinen. Sie erreichte maximal 5 %. Das heißt nur fünf Prozent der Energie der Brennstoffe (meist Kohle) wurden in mechanische Energie umgewandelt. Außerdem waren diese Antriebsmaschinen noch ziemlich störanfällig und damit wenig zuverlässig. Dies hat sich geändert mit dem Mann, den man später den Heißdampf-Schmidt nannte. Wie es dazu kam, war mehr als verwunderlich.

Wilhelm Schmidt ging in Wegeleben, wo er am 18. Februar 1858 geboren wurde, zur Volksschule. Sein Lehrer war der Überzeugung, dass aus ihm einmal nichts Rechtes wird. Er meinte: „Wilhelm beherrscht das ABC nicht, er schreibt, als hätte er eine Pfote statt einer Hand und das Rechnen liegt ihm schon ganz und gar nicht. Aber wenn es um Streiche geht, ist er vorneweg dabei".

Doch der Lehrer von Wegeleben täuschte sich. Wilhelm begann eine Lehre als Maschinenschlosser. Er zeigte sich in praktischen Fragen durchaus begabt und lernte doch noch lesen und schreiben, wenn auch spät. Mit 17 Jahren zog er als Geselle durch Deutschland, wie dies damals so üblich war. Und er begann alle Bücher zu verschlingen die ihm in die Hand kamen. Eines Tages kaufte er für ein paar Groschen von einem anderen Handwerksgesellen ein Neues Testament, und las immer wieder darin.

In dieser Zeit erkannte er etwas von einer transzendenten Wirklichkeit, die ihn umgab und die, wie er meinte, sich um sein Leben kümmerte. Er fühlte sich regelrecht mit „Schicksalsmächten" verbunden und dadurch geborgen. In dieser Zeit schrieb er in sein Tagebuch, dass er den Frieden seiner Seele gefunden habe und sich ziemlich glücklich fühle. Doch die erste Euphorie verging und machte wieder dem nüchternen Alltagsleben platz. Schuld daran waren vielleicht auch die Gemeindehirten, die sich wohl nicht sonderlich um ihn kümmerten. Doch blieb er seinem gefundenen Glauben bis ins Alter treu.

In der Zeit, da Wilhelm Schmidt als Schlosser in einer Maschinenfabrik arbeitete, war die Dampfmaschine schon erfunden
und Dampflokomotiven zogen Züge durch das Land. Doch
diese Maschinen hatten, wie schon berichtet, ein Problem - den
niedrigen Wirkungsgrad. Er lag unter 5%. Der in den Rohrlei-
tungen und im Zylinder kondensierende Sattdampf hinderte zudem einen reibungslosen Betrieb und führte immer wieder zu
Störungen. Wilhelm hatte sich lange vergebens mit diesem
Problem befasst. Wie konnte man die Funktionalität und den
Wirkungsgrad der Dampfmaschinen verbessern? Das waren
die Gedanken, mit denen er sein Gehirn zermarterte.

In der Stille eines Sonntages, nach dem Gottesdienst in der Kirche, sah er plötzlich, als er in Nachdenken versunken in seinem
Zimmer saß, an der Wand gegenüber die Grundrisse einer Maschine gezeichnet. Seinem Grundsatz treu, am Sonntag nicht
zu arbeiten, begnügte er sich damit, sich das Bild ins Gedächt-
nis einzuprägen und am Montag aufzuzeichnen. Als er die
Skizze betrachtete und das Funktionsprinzip erkannte, war er
verblüfft. So einfach war die Lösung des Problems. Der aus
dem kochenden Wasser aufsteigende Dampf wurde weiter er-
wärmt (überhitzt). Der Dampf wurde dadurch trocken, die Kondensation blieb aus, der Wirkungsgrad verbesserte sich erheb-
lich und die Anlage wurde funktionssicherer.

Wilhelm machte sich nun mit Feuereifer an eine praktisch um-
setzbare Konstruktion. In der „vom Himmel gefallenen Prinzips-
kizze" wurde die vom Kessel kommende Dampfrohrleitung in
Form einer Rohrschlange durch die heißen Abgase des Feuers
geführt. Dadurch überhitzte sich der nasse Dampf. Die Frage
war nur, wie dick und wie lang muss die Rohrschlange sein, damit der Dampf auf eine vernünftige Temperatur gebracht wird.
Die Lösung erforderte Kenntnisse in der Wärmelehre und Mathematik. Die Wärmeübergangswerte von Stahl waren damals
noch nicht bekannt und so suchte Wilhelm monatelang vergeblich nach dem richtigen Verhältnis der Rohroberfläche zu dem
durchströmenden Dampf, damit eine ausreichende Überhitzung

durch das Rauchgas stattfand und die Heißdampflokomotive auch wie gewünscht funktionierte.

Weil er die Lösung nicht fand, stellte er sie endlich zurück und ging in die stille Einsamkeit der Bergwelt. Als er an einem Morgen erwachte - es war wieder Sonntag - standen plötzlich die gesuchten Zahlenverhältnisse bildhaft vor ihm. Diesmal schrieb er sie auf, ließ aber den Sonntag vorübergehen, ohne zu rechnen und zu zeichnen. Am Montag änderte er entsprechend den Zahlenverhältnisse seine bisherigen Zeichnungen. Die praktische Umsetzung ergab dann später eine wesentlich günstiger funktionierende Dampfmaschine. Die moderne Heißdampflokomotive war erfunden! Kein Wunder, dass ihm seine Erfindungen wie Geschenke Gottes vorkamen. In seinem Tagebuch heißt es immer wieder: „Ich danke dir, Gott, ich danke dir."

Nach seiner ersten Erfindung wurde er gedrängt auf der Technischen Hochschule in Dresden zu studieren, und so wurde der unbegabte Volksschüler Ingenieur. Berühmt wurde er aber unter dem Namen „Heißdampf-Schmidt", weil seine wichtigste Erfindung die Heißdampfmaschine war.

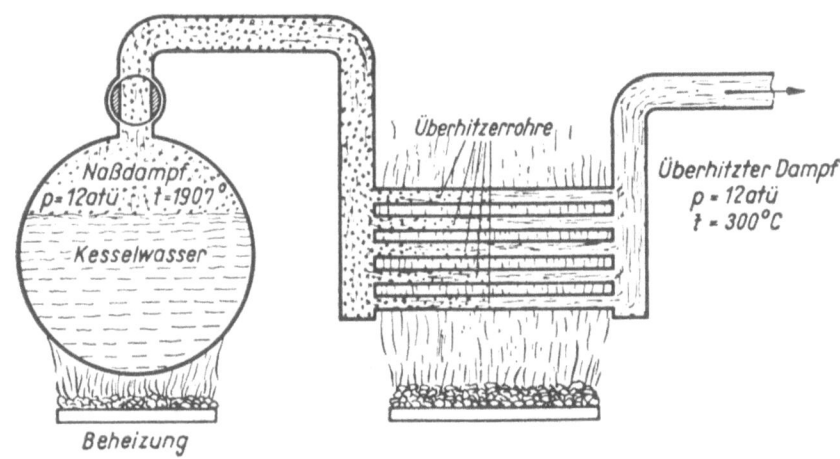

Schema der Heißdampferzeugung

Später ging er dazu über, neben der Temperatur auch den Druck des Dampfes zu erhöhen, um damit nochmals eine Wirkungsgradverbesserung zu erreichen. Die Hochdruckdampfmaschine wurde 1921 geboren. Durch seine Erfindungen erzielten die Lokomotiven, Dampfmaschinen, Dampfschiffe und später auch die Kraftwerke eine wesentliche Leistungsverbesserung. Wilhelm Schmidt hat mit seinen Erfindungen einen nicht hoch genug einzuschätzenden Beitrag zur Energieeinsparung, Klimaschutz und Verbesserung der Lebensqualität der Menschheit geleistet. Schließlich wurde er Ehrendoktor der Technischen Hochschule in Karlsruhe und besaß am Ende seines irdischen Lebens 200 deutsche Reichspatente und 1.200 Patente in anderen Ländern. Schmidt ist am 16. Februar 1924 in Bethel gestorben.

Der etwas seltsam anmutende Bericht von Wilhelm Schmidt ist in der Technikgeschichte bezeugt. Man hat geradezu den Eindruck, dass das Spiel der Kinder im Sandkasten nicht vor leeren Bänken erfolgt. Es ist wie, wenn jemand die Kinder bei ihrem schöpferischen Tun beobachtet und denkt, jetzt müssten sie aber endlich darauf kommen um diesen wesentlichen Punkt noch zu verbessern. Warum kommen sie nur nicht darauf? Schließlich greift eine ungeduldige Hand in den Sandkasten und sagt, so müsst ihr es machen! Dass dieser Jemand auf der Außenbank sich gerade Wilhelm Schmidt ausgesucht hat, ist wiederum verständlich. Wenn ein anderer gesehen hätte, wie eine fahle Hand auf einer Wand eine Maschine zeichnet, so hätte er sich vermutlich auf der schwarzen Couch eines Psychiaters wiedergefunden. Für Schmidt, mit seiner inneren Beziehung zur jenseitigen Welt, war dies jedoch verkraftbar und das zweimalige Erlebnis hat ihm nicht geschadet, sondern ihn nur in seiner technischen Laufbahn gefördert.

Die Energieerzeugung aus Kohle setzt viel Abgase, wie Schwefeldioxid und Kohlendioxid, in die Luft. Bei zunehmender flächendeckender Energieerzeugung aus Kraftwerken würden die Lande bald mit Rauch erfüllt sein. Dazu tritt bei vermehrtem

CO_2-Gehalt in der Atmosphäre auch eine langsame Erderwärmung ein, was globale Folgen hat. Eine Klimakatastrophe stand damals schon vor der Tür. Die Energiegewinnung aus Kohle musste daher unbedingt effektiver werden als bei der Dampfmaschine von James Watt. Das Verfahren von Wilhelm Schmidt wurde dann auch auf die Spitze getrieben. In den Kraftwerken werden heutzutage die Dampftemperatur und der Dampfdruck bis an die Materialgrenzen hochgefahren, so dass ein Wirkungsgrad bis zu 46 % erreicht wird. Das bedeutet, dass gegenüber der herkömmlichen Dampfmaschine aus einer bestimmten Menge Kohle das 10-fache an Energie herausgeholt werden kann.

Im 21. Jahrhundert stehen wir vor einem ähnlichen Problem. Wir lassen viel Abgase in die Luft und gefährden das Klima. Der Wirkungsgrad von Verbrennungsmotoren liegt in der Regel unter 30 %. Die Umstellung auf eine abgasfreie Verkehrstechnologie und Energieversorgung ist notwendig. Damit der Durchbruch gelingt (wie seinerzeit bei *Wilhelm Schmidt*), ist ein elektrischer Energiespeicher erforderlich, der einerseits als mobile Energiequelle in Fahrzeugen dient und zum anderen als Pufferung von Solar- und Windenergie verwendbar ist.

Elektrische Energie bis zur letzten Hütte
Werner von Siemens (1816 – 1892)

Mit der Dampfmaschine hatte man erstmals eine Einrichtung entwickelt, die chemisch gespeicherte Sonnen-Energie in Arbeitsleistung umsetzen konnte. Damit war die Möglichkeit gegeben, sie auch beweglich einzusetzen. Sie wurde als Antrieb in Schiffen, Lokomotiven, Fahrzeugen und Dampfpflügen eingesetzt; hauptsächlich aber stationär in Fabriken zum Antrieb von Maschinen. Dampf zum Antrieb von Kolben, oder später von Turbinenrädern, zu nutzen ist bis heute die hauptsächlichste Energieumsetzung geblieben. Ob im Kohle-, Öl-, Gas-, oder Atomkraftwerk, stets wird Wasser gekocht und mit dem Dampf Generatoren über Turbinen angetrieben.

Mit dem Stichwort Kraftwerk kommen wir zur Entwicklung der elektrischen Energieerzeugung und -verteilung. Durch die Erfindung der elektrischen Kraftübertragung wurde es möglich, Dampfkessel und Dampfmaschinen, bzw. Turbinen, in Kraftwerken zu zentralisieren und Energie zu den entlegensten Winkeln zu transportieren. Diese Verteilerstruktur hat die menschliche Kultur mehr verändert als es irgendein Machthaber konnte. Ein Name, der damit in Verbindung steht, heißt *Werner von Siemens*. Mit der Elektrifizierung wurde auch der Grundstock für die beginnende E-Mobilität gelegt – und es begann, fast unbemerkt, die Globalisierung der Welt. Die Völker fingen an zusammen zu rücken.

Galvani, Volta, Ampere, Ohm und Faraday, die im ersten Drittel des 19. Jahrhunderts versuchten, die Eigenschaften und das Verhalten des elektrischen Stromes zu erforschen, waren die Lehrmeister von Siemens gewesen. Physiker versuchten damals in den Laboratorien den Strom auch technisch anzuwenden. Einer der ersten Anwendungen kam durch die Erfindung des elektromagnetischen Telegraphen, 1832 durch Schilling von Canstadt und 1833 durch F. Gauß und W. Weber. Samuel F. B. Morse baute 1843 einen brauchbaren Schreibtelegraphen, der zusammen mit Dampfschiff und Dampfeisenbahn in Amerika, bei der Ausbreitung in den Westen, eine bedeutende Rolle spielte und dabei half, Raum und Zeit zu überwinden. Doch noch war man voller Zweifel darüber, ob die Elektrotechnik zur Kraftübertragung taugte und ob man dadurch die Maschinen in den Fabriken antreiben könne.

Das hat sich aber bald geändert. Die Städte wollten mehr und mehr ihre Gasbeleuchtung durch elektrische ersetzen. *Siemens* jedoch hatte noch eine andere Vision: die elektrische Kraftübertragung! Die elektrische Beleuchtung sei nur der Übergang zu der viel bedeutsameren elektrischen Kraftübertragung. Durch die elektrische Kraft kann der städtischen Bevölkerung Arbeitskraft mühelos zugeführt werden. Dadurch würden die kleine Werkstatt, sowie der Einzelne in seiner Wohnung, in die Lage gebracht, die persönliche Arbeitskraft besser zu verwerten. Dieser Umstand, meinte *Siemens*, würde mit der Zeit einen vollständigen Umschwung unserer Arbeitsverhältnisse zugunsten der Kleinindustrie hervorbringen. Außerdem werde diese Kraftübertragung in den Häusern und Straßen Einrichtungen hervorrufen, welche zur Annehmlichkeit und Erleichterung des Lebens dienen - wie Ventilatoren, Aufzüge, Straßenbahnen usw.

Die Idee mit dem elektrischen Strom ist damals vielen eingegeben worden, doch niemand hat so recht an seinen praktischen Nutzen geglaubt. Siemens aber war davon überzeugt und hat einen entscheidenden Schritt in die Zukunft getan. Damit hat er einen wichtigen Beitrag für die Kraftwerkstechnik geleistet - die Energie in jedes Haus und zu jedem Menschen bringt. Elektrische Energie, hauptsächlich erzeugt von Dampfantrieben und transportiert über Kabel, wurde in den nächsten Jahrhunderten zur Leistungsquelle für jedermann. Der Alltag der Menschen wurde dadurch wesentlich erleichtert und verändert. Der andere Zweig, der sich aus der Antriebstechnik abspaltete, ist die Entwicklung eines leistungsfähigen Verbrennungsmotors, der kabelunabhängig zum Antrieb von Wasser-, Land- und Luftfahrzeugen dient - und der letztlich ebenfalls durch einen Elektromotor ersetzt wird.

Wer heute aus der Steckdose elektrischen Strom entnimmt, denkt kaum daran, welche dramatischen Entwicklungen dahinterstecken und wie lang der Weg bis zu seiner flüchtigen Anwendung ist. Noch weniger wird er gewahr, wo die Energie eigentlich herkommt. Verstrickt in die engen Umstände seines kurzen Lebens, merkt der Nutzer nicht, dass er mit Sternenenergie seine Wohnung saugt und seine Stube mit Energie aus Materie erhellt. Kommt der Strom von einem Atomkraftwerk, so stammt die Energie von einem bereits untergegangenen Stern. Stammt er von Solarzellen, einem Kohle-, Öl-, Gas-, Wasseroder Windkraftwerk, dann kommt er von dem uns nächstliegenden Stern, der Sonne. Immer ist es Energie aus Materie, wenn auch in verschiedenen Zustandsformen gespeichert, die Arbeit für uns leistet – und immer ist, wenn auch geheimnisvoll versteckt, die Elektrokraft dabei.

Elektrische Energieübertragung
Energieverteilung im 20. Jahrhundert

Mit der Dampfmaschine, unterstützt von der Eisenbahn, wuchs die Industrialisierung. Die Städte wurden größer, der Energiebedarf stieg laufend. Von den Kraftwerken mussten immer größere Mengen an elektrischen Strom zum Verbraucher transportiert werden - oft über weite Entfernungen. Es gibt kein Medium das hohe Leistungen so günstig transportieren kann wie der Elektronenstrom in einem Kabel. Ein Freileitungsseil mit 19 mm Durchmesser kann eine Leistung von etwa 50 MW (50 000 kW bei 110 kV Spannung), ohne Überschreitung der Seilendtemperatur von 80 °C, übertragen.

In einer Zeit wo Wert daraufgelegt wird, dass Gegenstände ein formschönes Design erhalten, wirken die rustikalen Freileitungs-Gittermaste wie ein Relikt aus vergangener Zeit. Doch der Schein trügt. Die Masten sind Zeugen der Moderne, in der der elektrische Strom Funktionsträger der Technik und des Lebens geworden ist. Diese Masten spannen ein „Spinnennetz" auf, das die unterschiedlichsten Kraftwerke auf dem Kontinent miteinander verbindet. Die verschiedenen Energieformen, wie Wasser, Kohle, Kernbrennstoff, Gas, Wind, Biomasse und Photovoltaik, auf einen Nenner bringt und über Freileitungen der Industrie sowie den Haushalten zur Verfügung stellt. Es ist wie ein gewaltiges Orchester, dass mit einer großen Zahl von Instrumenten eine Symphonie spielt, die alles zum Schwingen (Arbeiten) bringt. Abgestimmt ist das System auf den Grundton 50 Hertz. Der Dirigent ist die Informatik.

Die Leistungen die durch die Energienetze strömen sind gewaltig. Über einen Gittermast können durchaus über eine Million kW fließen. Der Energiehunger unserer Gesellschaft ist schier unersättlich geworden. Mit zunehmender Bevölkerung und wachsenden Wohlstand in den Schwellenländern wird der Energiebedarf weiterwachsen. Die Energieversorgung ist zu einer Schicksalsfrage auf dem Planten Erde geworden.

Wasser-, Wind- und Solarkraftwerke

Eine besondere Beanspruchung für die Freileitungstrassen stellen, wegen ihrer Leistungsschwankungen, die Alternativenergien dar. Die fossilen Brennstoffe Öl und Gas werden in einigen Jahrzehnten aufgebraucht sein, zumal mit wachsender Weltbevölkerung der Energiebedarf ständig zunimmt. Die Kohle ist zwar noch länger verfügbar, aber auch nicht unbegrenzt. Jedoch nicht allein die schwindenden Brennstoffe, sondern auch das ständige Anwachsen des CO_2-Gehalts in der Atmosphäre verstärkt den Wunsch nach alternativen Energien, da der CO_2-Treibhauseffekt negative Folgen für die gesamte Menschheit hat. Zudem wird die Kernenergie wegen mangelnder Akzeptanz abgebaut.

Unter Alternativenergie werden vornehmlich die regenerativen Energien verstanden, die sich ständig erneuern und somit dauernd zur Verfügung stehen. Es sind dies Wasser- und Windkraft sowie die Biomasse aus nachwachsenden Rohstoffen. Hinzu kommt die direkte Umwandlung der Sonnenenergie zur Stromerzeugung.

Datenübertragung und Datenverarbeitung (Informatik)

Mit der elektrischen Energieverteilung ging auch die elektrische Nachrichtenübermittlung einher. Die ersten Fernleitungen die gebaut wurden (von *Siemens*), dienten der Nachrichtenübermittlung. Die erste Telegraphenleitung wurde 1848/49 von Berlin nach Frankfurt am Main gelegt. Danach folgten Leitungen in Russland, Polen und England. Später im Jahre 1870 ging nach dreijähriger Bauzeit die Indo-Europäische Telegraphenlinie von London über Teheran nach Kalkutta in Betrieb – mit einer Länge von 11.000 Kilometern.

Die Informationstechnologie, die mit der Nutzung des elektrischen Stromes einherging, ist rasant angewachsen. Sie ist eine nicht zu unterschätzende Form der Elektromobilität geworden. Durch die elektrischen Kommunikations-Möglichkeiten rücken auf unserem Planeten die Erdkinder enger zusammen. Isolierte „Inseln" ohne Fernmeldetechnik gibt es fast nicht mehr. Heute kann jeder, ohne sich örtlich zu bewegen, an einer Fernkonferenz mit seiner Stimme und Bild teilnehmen. Ja, er könnte, technisch gesehen, sogar vom anderen Teil der Erde mit seinem Handy die Heizung einstellen oder die Fenster-Rollladen herunterlassen. Die elektrische Datenübertragung dient nicht nur dem Informationsaustausch zwischen Menschen, sondern auch der Steuerung von Maschinen und Anlagen.

Hochspannungsleitungen sind heutzutage sowohl Energie- wie Datenträger. Im Seilkern werden dazu Lichtwellenleiter mit geführt. Elektrische Energieübertragung und Informationsvermittlung gehen Hand in Hand. Es werden damit nicht nur Stromnetze und Unterwerke ferngesteuert, sondern auch komplette Kraftwerke (wie z. B. Wasser- und Windkraftwerke). In der Industrie steuern und regeln Programme, aus der Ferne und der Nähe, nicht nur einzelne Maschinen, sondern ganze Fertigungsstraßen. Selbst in Personenhaushalten hat die systematische Verarbeitung von Informationen an Bedeutung gewonnen. Waschmaschinen und Heizungen werden in den allermeisten Fällen durch Programme gesteuert. Grundsätzlich kann alles, was durch elektrische Energie angetrieben wird, Anweisungen durch elektrische Informationen bekommen. Die Formel: *Energie + Information = Automatisierung*, ist die Gleichung der Zukunft. Die Technik in Zusammenwirken mit den elektrischen Prozessen der Steuerung, Selbstverwaltung und Regulierung haben in der jüngsten Vergangenheit immer mehr das Leben der Erdkinder bestimmt. Mit der Informatik ist ein Jahrtausend angebrochen, in der uns die Elektrokraft weitgehend die Routinearbeiten abnimmt.

Würde einmal ein Diktator über einen Zentralcomputer Einfluss über alle Energieverteilungssysteme bekommen, wäre er Herrscher der Welt. Denken wir noch einen Schritt weiter. Irgendwann wird der Verkehr zu Lande, zu Wasser und in der Luft elektrisch angetrieben und über Leitsysteme gesteuert. Alle technischen und verkehrlichen Bewegungsabläufe funktionieren dann elektrisch. Hätte unser fiktiver Diktator dann über Hochspannungstrassen und Datensysteme seine Hand – wäre er auch Regent über Leben und Tod. Wenn er beispielsweise eine Stadt vom Energie- und Datenfluss abschaltet, dann gehen nicht nur die Lichter aus, sondern es kehrt auch Totenstille ein. Die Bäcker könnten kein Brot mehr backen, die Regale in den Supermärkten blieben leer. Der Straßenverkehr käme zu erliegen. Der Kontakt nach außen erlischt, der Fernseher verstummt, die Telefonverbindung schweigt. Diese „Science-Fiction-Vision" lässt erahnen, wie zunehmende Elektrifizierung zwar die Bequemlichkeit und den Wohlstand steigert, die Abhängig von der elektrischen Energie- und Informationsversorgung aber bedenklich vergrößert.

Verbrennungsmotoren
Nikolaus August Otto (1832 – 1891)
Rudolf Diesel (1858 – 1913)

Noch im späten Mittelalter war der Mensch sehr sesshaft. Generation um Generation verbrachte ihr mühsames Leben meist an einem Ort. Nur relativ wenige nahmen weite und beschwerliche Reisen auf sich. Auch gab es keinen Urlaub, den man hätte nutzen können, um die weitere Umgebung anzusehen. Die Dampflokomotive und noch mehr der Verbrennungsmotor als Antrieb von Land-, Wasser- und Luftfahrzeugen hat dieses Verhalten geändert. Aus den ortsgebundenen Erdkindern wurde eine mobile Gesellschaft. Heute setzen zu Urlaubszeiten ganze Völkerwanderungen ein. Manche nehmen sogar, wie eine Schnecke, ihre Behausung (Wohnwagen) mit. Wie entstand der Motor, der so viel Gewimmel auf dem Planeten Erde verursachte?

Nikolaus August Otto hatte wesentliche Entwicklungen für diesen Motor geleistet. Nach ihm wird der Benzinmotor bis heute genannte. 1868 wurde auf der Pariser Weltausstellung zum ersten Mal ein neuer Gasmotor der Öffentlichkeit präsentiert. Diese neue Motorenentwicklung verbrauchte nur noch ein Drittel des Kraftstoffes der bis dahin bekannten Motoren. Dieser Gasmotor wurde mit einer Goldmedaille ausgezeichnet. Sein Erfinder und Erbauer war *Nikolaus August Otto*.

Ottos erste Maschine war ein atmosphärischer Gasmotor. 1864 gründete Otto zusammen mit dem Ingenieur *Eugen Langen* die erste Motorenfabrik der Welt. Zuerst hieß sie „N. A. Otto Cie", dann ab 1869 „Gasmotorenfabrik Deutz". In 10 Jahren wurden von dem „Kolbenmotor" etwa 5.000 Exemplare abgesetzt, vornehmlich als Antrieb für Pumpen und für den Einsatz in Buchdruckereien. Die Maschine lief zuckend und stoßend und war äußerst geräuschvoll. Sie war 1,7 Meter hoch, mehr als 3 PS konnte sie aber nicht leisten. Trotzdem wurde sie 1867 auf der Pariser Weltausstellung mit einer Goldmedaille ausgezeichnet.

In zäher Arbeit suchten *N. A. Otto* und *E. Langen* nach einer Gasmaschine, die frei war von den Nachteilen des atmosphärischen Zweitaktmotors. 1876 konnte *Otto* endlich mit einem leistungsfähigen Viertaktmotor hervortreten, der sich gegenüber der atmosphärischen Maschine durch ruhigen Lauf und beträchtliche Raum- und Gewichtsersparnis auszeichnete. Nun leistete nicht mehr der Luftdruck die Arbeit, sondern der Explosionsdruck des entzündeten Gasgemisches. Das Ansaugen, Verdichten, Verbrennen und Auspuffen war in einen einzigen Zylinder verlegt. Auf der Pariser Weltausstellung von 1878 wurde der Motor die größte Erfindung im Kraftmaschinenbau seit *James Watt* genannt.

Rudolf Christian Karl Diesel war der Sohn eines Augsburger Lederfabrikanten. Er hatte den Wunsch, eine Wärmekraftmaschine zu erfinden, die die Dampfmaschine übertreffen soll. Trotz aller Verbesserungen konnte die Dampfmaschine nur etwa 5 % der im Brennstoff verfügbaren Wärme in nutzbare Energie umwandeln. Diesel war klar, dass die Temperatur in seinem Visions-Motor während des Verbrennungsprozesses möglichst hoch sein musste, um einen guten Wirkungsgrad zu erreichen. Später, bei seinen Experimenten, erkannte er, dass dies in der Praxis bedeutet mit hohem Druck zu arbeiten.

Nach zahlreichen Fehlschlägen kam *Diesel* der entscheidende Gedanke: Die angesaugte Luft so hoch zu verdichten, dass sie sehr heiß wird. Wenn diese hoch erhitzte Luft mit fein verteiltem Brennstoff durchsetzt wird, kommt es zur Selbstzündung (Explosion). *Rudolf Diesel* benutzte für seine Experimente zunächst Benzin, was aber wegen der hohen Entzündungstemperatur nicht funktionierte. Er wich daher auf Petroleum aus, um überhaupt Zündungen zu erreichen.

Aufgrund seiner wärmetheoretischen Überlegungen und Experimente entwickelte *Rudolf* in der Maschinenfabrik Augsburg ab 1893 den Dieselmotor zur Serienreife. 1897 war das erste funktionstüchtige Modell dieses Motors fertig. Der Motor lief mit einem sensationellen Wirkungsgrad von 26,2 %. Als stationäre Maschine eroberte sich der Dieselmotor bald ein weites Wirkungsgebiet. Am 1. Januar 1898 wurde die Dieselmotorenfabrik Augsburg gegründet. 1903 wurden bereits die ersten Schiffe mit Dieselmotor ausgerüstet. Allgemein wurde der Dieselmotor als „Motor der Zukunft" bezeichnet. Diesel wurde mehrfacher Millionär. Der Motor war aber immer noch so konzipiert, dass der Brennstoff gasförmig in den heißen Verbrennungsraum gedrückt werden musste. Diesel hatte aber auch bereits die Idee, seinen Motor mit Erdöl oder Pflanzenöl zu betreiben.

Die Verwendung des Dieselmotors erfolgte erstmals nur stationär oder in Schiffen. Er musste hohe Drücke aushalten, war schwer und für die Brennstoffzuführung brauchte er einen eigenen Kompressor. Der Ottomotor war dagegen leicht und saugte über einen Vergaser den Kraftstoff selbst ein. Er war vor allem für Straßenfahrzeuge und später auch für Flugzeuge geeignet. Der Dieselmotor mit seinem besseren Wirkungsgrad eignete sich dagegen vorwiegend für Fabriken, Kraftwerke, Schiffe und Lokomotiven. Von daher war die Entwicklungs-Aufspaltung in zwei Richtungen sinnvoll. Bei der späteren Entwicklung zeigte es sich jedoch, dass der Dieselmotor auch bei den Straßen- und Luftfahrzeugen dem Ottomotor immer mehr Konkurrenz machte. Am Anfang des 21. Jahrhunderts wurde der Dieselmotor fast gleichwertig neben dem Ottomotor in Kraftfahrzeugen verwendet. Doch da geht die Ära der Explosionsmotoren ohnehin zu Ende und die Erdkinder sehen der Elektromobilität entgegen.

Der Traum vom Fliegen
Wilbur Wright (1867 – 1912) und der Beginn der Luftfahrt

> *Es kann Deines Schöpfers Wille nicht sein,*
> *Dich, Ersten der Schöpfung, dem Staube zu weih 'n,*
> *Dir ewig den Flug zu versagen!* (Otto Lilienthal)

Wie oft mögen die Erdkinder sehnsuchtsvoll den Blick zum Himmel emporgehoben und die Vögel beobachtet haben. Der Traum von der Eroberung der Lüfte ist uralt. Doch Jahrtausende sollten vergehen, bis der Mensch es den Vögeln gleichtun, ja sie sogar übertreffen konnte. Die Luft ist ein unbestechlicher Lehrmeister. Alles was nicht seiner Anforderung an Statik, Funktionalität und Aerodynamik entspricht, wirft er zu Boden, um es zu zerschmettern. Nach der griechischen Mythologie wurde Ikarus mit dem Tod bestraft, als er sich in seinem Übermut über die Naturgesetze erheben wollte. In keinem Element wurde es den Erdkindern schwerer gemacht. Hier durfte wirklich nichts übersehen werden. Gewissenhaft, penibel und sorgfältig mussten die betreffenden Naturgesetze erforscht und angewandt werden, wollte man nicht mit dem Leben bezahlen.

Erst als bei Wissenschaft und Technik sich ein kontinuierlicher Fortschritt einstellte, rückte die Möglichkeit zu fliegen in greifbare Nähe. Bereits um 1500 beschäftigte sich *Leonardo da Vinci* mit der Konstruktion von Flugmaschinen die mit Muskelkraft angetrieben werden sollten. Im 17. Jahrhundert folgten Ballonprojekte, bis mit der Erfindung des Warmluftballons im 18. Jahrhundert die bemannte Luftfahrt begann. Doch es sollte bis zum Anfang des 20. Jahrhunderts dauern, bis die Eroberung der Lüfte mit steuerbaren Maschinen, die schwerer als Luft waren, Wirklichkeit wurde. Diese Errungenschaft wurde im wahrsten Sinn des Wortes zu einem Höhepunkt der technischen Evolution. Der Deutsche *Otto von Lilienthal* hatte den Anfang gemacht und mit seinem Gleiter die Grundlagen für die Erfindung des Flugzeuges geschaffen. Nachdem er bei einem Flugversuch tödlich verunglückte, beschäftigten sich zahlreiche Ingenieure, Techniker und interessierte Laien mit der Weiterführung seiner Idee.

Im Nachhinein können wir sagen, dass die Entwicklung des Flugapparates eine Erfolgsgeschichte war, die in relativ kurzer Zeit die Welt globalisierte. Die entstehende Luftfahrt schlug ein neues Kapitel im Bereich der Mobilität auf. Die Erdteile rückten zusammen. Politiker und Geschäftsleute können heute binnen Stunden sich an irgendeinen Ort auf dem Planeten treffen. Die Familie *Jedermann* fliegt über Land und Meer zu ihrem fernen Urlaubsort, ohne sich der Besonderheit noch bewusst zu sein. Der entstehende Weltverkehr erzwang auch eine Sprache zur Verständigung – Englisch, und eine einheitliche Weltzeit (Greenwich Mean Time). Durch den regen Austausch, den das Flugzeug nun ermöglicht, vermischen sich allmählich die Kulturen und Rassen. Es entwickelt sich eine Weltgesellschaft.

Wenden wir uns nach Amerika. Die USA wurden letztlich der Erfinder des Motor-Flugzeuges, wie Deutschland der Vorrang beim Auto eingeräumt wurde. In diesem großen Land beschäftigte sich eine Reihe von Leuten mit dem Thema Fliegen. Dieses parallele Vorgehen findet man auch bei anderen

Erfindungen. Es ist nicht verwunderlich denn durch die verbreitete Buchdruckkunst konnte jeder Tüftler oder Ingenieur auf den vorhandenen Wissens- und Technikstand im großen Sandkasten zurückgreifen. In Bezug auf die Fliegerei hatte *Lilienthal* die Grundlagen erforscht, auf der fast alle Flugzeugentwickler aufbauten.

Aus der Schar der Flugpioniere nehmen wir nur zwei heraus, *Wilbur* und *Orville Wright*. Neben seiner Arbeit in seinem Fahrradgeschäft las *Will* gerne. Im Jahr 1894 erschien in einem Magazin ein langer Artikel über den deutschen Ingenieur *Otto Lilienthal*, der als fliegender Mensch bezeichnet wurde. In dem Zeitschriftenartikel war davon die Rede, wie dem Deutschen in jüngster Zeit mit künstlichen Flügeln lange Sprünge durch die Luft gelungen waren. 1896, zwei Jahre später, berichteten die Zeitungen, der Deutsche sei abgestürzt und an einem Genickbruch gestorben. Später sagten die Brüder, *Lilienthals* Tod habe bei ihnen die Neugier auf das Fliegen wieder geweckt, die sie schon als Jungen gespürt hatten.

In einem Nebenraum des Fahrradladens ging der erste Gleiter der *Wrights* seiner Fertigstellung entgegen. *Will* hatte dabei eine Doppeldeckerbauart von *Octave Chanute* verwendet. Sie hatte zwei glatte Tragflächen übereinander, die durch zickzackförmig verlaufende Spanndrähte verbunden wurden. Es war eine außergewöhnlich gute Methode, dem Tragwerk die gewünschte Widerstandsfähigkeit zu verleihen, ohne dass es übermäßig schwer wurde. Zudem machte die Doppeldeckeranordnung hinderliche Spanndrähte über und unter den Flügeln überflüssig – und der Gleiter flog gut. Diese Konstruktion verwendete auch *Wilbur Wright* für seine Drachengleiter und für alle seine weiteren Flugzeuge.

Nach vielen Versuchen trafen am 25. September 1903 die Brüder wieder einmal bei den Kill Devil Hills ein. Da noch Lieferungen für das neu zu bauende Motorflugzeug ausstanden, holten sie den Gleiter von 1902 aus dem Schuppen und brachten ihn zu den Hügeln. Mit ihm unternahmen sie zahlreiche Gleitflüge. Der Wind war so, dass sie bei den vielen Flügen jeweils 20 bis 43 Sekunden fast bewegungslos in der Luft hingen. Bei einem Flug landete der Gleiter sogar hinter dem Startort. Den Brüdern gelangen Flüge, die höher und beeindruckender waren als je zuvor. Nur mit Mühe konnten sie verhindern, dass die Maschine zu hochstieg. Alles schien jetzt auf dem Weg zum Erfolg zu sein.

Am 17. Dezember 1903 stand dann die neue Maschine mit eingebauten Motor endlich für weitere Versuche zur Verfügung. Der Wind wehte mit rund 40 Stundenkilometern – stark genug für einen Start vom ebenen Boden. Die Startschiene mit 18 Meter Länge wurde geradewegs gegen den Wind ausgelegt. In Flugrichtung lag eine glatte, öde Ebene. Sie warfen den Motor an und ließen ihn ein paar Minuten laufen. Um 10.35 Uhr zwängte sich *Orville* auf den Pilotenplatz und löste das Seil. Während die Maschine vorwärts polterte, hielt sie *Will* mit der linken Hand an der rechten Flügelspitze waagrecht. Dann stieg die Maschine plötzlich drei Meter hoch, sank wieder, um genauso plötzlich wieder zu steigen. Mit ausgebreiteten Armen auf der Tragfläche liegend versuchte *Orville*, den Apparat mit dem Höhenruder stabil zu halten. Das Flugzeug sank ein weiteres Mal, ein Flügel kippte zur Seite, dann war es wieder auf dem Boden, knapp 40 Meter von der Stelle entfernt, wo es von der Startschiene abgehoben hatte.

Ein paar Teile waren zu Bruch gegangen. Es verging eine Stunde, bevor *Will* es ein weiteres Mal versuchen konnte. Er verbesserte *Orvilles* Strecke um rund 15 Meter. *Orville* kam bei seinem zweiten Versuch noch ein wenig weiter und hielt die Maschine besser im Gleichgewicht als beim ersten Mal. Eine seitliche Bö hob die Flügelspitze in die Höhe. Er verdrehte die Flügel, um die Spitze wieder auf die richtige Höhe zu bringen, und stellte dabei fest, dass die seitliche Steuerung sehr gut ansprach, viel besser als beim Gleiter. Aber das Höhenruder war zu empfindlich. Die Maschine hüpfte und wackelte und beschrieb einen unregelmäßigen Weg. Gegen Mittag probierte *Will* es noch einmal, und auch er erlebte das Hüpfen und Wackeln. Aber irgendwie fand er für das vordere Ruder den richtigen Winkel und die Männer am Startpunkt erkannten, dass die Maschine im nächsten Augenblick nicht wieder am Boden sein würde. Das Flugzeug ließ sie hinter sich – 100, 200 Meter; das Motorengeräusch wurde leiser, die Flügel waren auf gleicher Höhe. Die Maschine flog. Das Flugzeug näherte sich einem kleinen Hügel. *Will* bewegte das Ruder und schoss plötzlich zu Boden. In 59 Sekunden hatte er 255 Meter zurückgelegt. Das Gestänge des Höhenruders war zerbrochen, aber ansonsten war das Fluggerät ebenso unversehrt wie der Pilot.

Flugzeug mit Wilbur nach einer harten Landung

Der Wright-Flyer hebt am Ende der Startschiene in ein neues Zeitalter ab.

Dieser Versuch war der eindrucksvollste gewesen. Verglichen mit einem Vogel war es ein bescheidener Flug. Doch war es in der gesamten Weltgeschichte der Erste, bei dem sich ein Flugzeug mit einem Menschen an Bord aus eigener Kraft in die Luft erhob, ohne Geschwindigkeitsverminderung vorwärts flog und schließlich an einer Stelle landete, die ebenso hoch lag wie der Ausgangspunkt. Der Jubel über die Ereignisse dieses Tages sollte aber erst später von anderen kommen. Das Ausmaß dessen, was die Brüder erreicht hatten, konnte damals noch niemand abschätzen. Die Gebrüder *Wright* bezifferten den Gesamtaufwand für ihre Experimente von 1900 bis 1903, einschließlich der Bahn- und Schiffsreisen zu und von den Outer Banks mit 1.000 Dollar.

Mit den Gebrüdern *Wright* war das Zeitalter der Luftfahrt angebrochen. Nur wenige Meter hatten die Brüder sich mit Feuerkraft über den Sand erhoben. Doch daraufhin folgte eine rapide Entwicklung, die Menschen sechs Jahrzehnte später bis auf den Mond brachte. Heute ist das Fliegen sicher und zur Selbstverständlichkeit geworden. Die meisten Flüge haben keine Geschichte mehr. Friedlich tauchen mächtige Flugmaschinen, wie Ungeheuer aus einer anderen Welt, in den Himmel. Alles ist gut erschlossen und organisiert. Die Piloten suchen keine

Abenteuer, sondern verschließen sich in ein förmliches Laboratorium. Sie gehorchen dem Spiel ihrer Instrumente und nicht mehr dem Lauf der Landschaft. Funkfeuer, die die Kreuzungen der Luftstraßen markieren, leiten das Flugzeug auf der vorgesehenen Bahn. Radarstationen, die auf der festen Erde wachen, übergeben das Luftfahrzeug von einem Luftraum in den anderen. Die Cockpit-Crew hat lediglich die betr. Funkfrequenzen einzustellen und am Armaturenbrett dem Autopiloten die Höhe und Geschwindigkeit anzugeben. So reisen Besatzung und Passagiere heute – auch durch Nacht und Wolken. Und wenn dann die Stunde gekommen, kann der Flugzeugführer vertrauensvoll durch die Scheiben sehen. Licht ist aus dem Dunkel geboren und erstrahlt in den Landefeuern des Flughafens.

Eigentlich war die Menschheit mit Hilfe der Technik jetzt auf dem Weg zum „Gelobten Land". Wären die Völker sich einig gewesen, hätte man ein Paradies schaffen können. Die Erde hätte es hergegeben. Stattdessen wurden mit der Technik immer wirkungsvollere Waffen gebaut (z. B. Jagdbomber und Atomraketen), mit der die Menschheit sich gegenseitig bedroht und letztlich vernichten kann.

Mensch und Technik

Die Technikgeschichte ist kein Zufallswerk, sondern eine, aufgrund von notvollen Verhältnissen erzwungene und durch menschliche Intelligenz gesteuerte Evolution. Die Technik hat die Globalisierung unserer Welt bewirkt, bedroht jetzt aber auch durch die Waffenentwicklung die gesamte Menschheit.

Schon die erste Nutzung war militärisch. Nach der Erfindung des Schießpulvers musste mittels Muskelkraft kein Bogen mehr gespannt oder ein Speer geschleudert werden. Das Schießen besorgte nun chemische Energie in Form von Schwarzpulver. Der Holländer *Christian Huygens* erlebte die Schrecken des Dreißigjährigen Krieges, der bereits mit Musketen, Kanonen und Flinten ausgefochten wurde. Nach dem Krieg baute *Huygens* eine Pulvermaschine. Das Kanonenrohr wurde zum Zylinder und die Kugel zum Kolben. Der erste Verbrennungsmotor war damit geschaffen. Statt Pulver wurde später Dampf oder Gas verwendet. Die Dampfmaschine wurde Träger der Kraftwerkstechnik, die elektrische Energie in jedes Haus liefert. Schließlich entwickelte sich aus dem Pulvermotor der Benzin- und Dieselmotor, die Standard-Antriebsquelle im Verkehr. Mit der Zeit wurde es selbstverständlich, dass alle Maschinen in Fabriken und Haushalten einen elektrischen Antrieb erhielten. In unserem Jahrhundert geht die Entwicklung dahin, dass auch Fahrzeuge (mobile Maschinen) elektrisch angetrieben werden.

Die Waffen entwickelten sich aber auch entsprechend weiter. Die Zerstörungskraft der Waffen hat mit der Wasserstoff-Fusionsbombe ihren Gipfel erreicht. Ein „mehr" könnte nur noch durch Antimaterie erzielt werden. Während beim Verschmelzen von Wasserstoff zu Helium 0,71 % der beteiligten Materie sich in Energie umwandelt, wird beim Zusammentreffen von Antimaterie mit Materie komplett alles in Energie umgesetzt. Es ist jedoch zurzeit nicht möglich Antimaterie in ausreichender Menge herzustellen, um z. B. die Erde komplett zu vernichten (dann wäre endlich Ruhe im Karton). Militärstrategen mögen dies bedauern, aber schon der weltweite Einsatz der vorhandenen Wasserstoffbomben könnte ausreichen um die Menschheit in die Steinzeit zurückversetzen oder gar das Leben auf der Erde auszulöschen. Die E-Mobilität würde dann erstmal aufs „Eis" gelegt. Eine Energieversorgung durch die Sonne wäre aber immerhin noch da.

Die etwas sarkastische Bemerkung weist darauf hin, dass wir im 21. Jahrhundert einen kritischen Punkt erreicht haben. Die Technik hat sich weiterentwickelt – der Mensch aber nicht. Durch die Verkehrstechnik und die elektronische Kommunikation ist die Welt klein geworden. Egal wo wir auf dem Planeten sitzen - von einer Sekunde zur anderen können wir miteinander sprechen oder Daten austauschen. Die Konzerne sind Global-Player geworden. Der Weltverkehr und die -wirtschaft hat uns eine Verständigungssprache aufgedrückt – Englisch. Dazu findet auch eine Vermischung der Weltbevölkerung statt. Die Zeit der großen Distanzen ist vorrüber. Die Völker kommen mit ihren Kulturen und Ideologien nicht mehr aneinander vorbei. Klima-, Umwelt-, Ressourcen- und Bevölkerungsprobleme bedürfen dringend eines wirksamen Erd-Managements. Wir sitzen gemeinsam in einem Boot, das in die Zukunft oder in den Untergang steuert.

Die Waffenentwicklung zeigt uns im Grunde, dass der Mensch schon immer überfordert war und mit den Verhältnissen auf der Erde nicht zu recht kam. In der Vergangenheit hat sich sein Versagen nur territorial ausgewirkt. Jetzt aber kann eine Fehlhandlung weltweite Auswirkungen haben. Ein Bürger in *Goethes Faust* konnte damals noch sagen:

> *Nicht besseres weiß ich mir an Sonn- und Feiertagen,*
> *als ein Gespräch von Krieg und Kriegsgeschrei,*
> *wenn hinten weit in der Türkei,*
> *die Völker aufeinander schlagen.*
> *Man steht am Fenster, trinkt sein Gläschen aus*
> *und sieht den Fluss hinab die bunten Schiffe gleiten;*
> *dann kehrt man abends froh nach Haus*
> *und segnet Fried und Friedenszeiten.*

Mit diesem Ego-Optimismus ist es nunmehr vorbei. Nicht weit von der Türkei wurde am 28. Juni 1914 in Serbien der österreichische Thronfolger Erzherzog *Franz Ferdinand* von einem Attentäter erschossen. Darauf brach der 1. Weltkrieg aus. Es interessierte bald nicht mehr wer hinter dem Mörder stand. Das Attentat war lediglich der Funke, der das Pulverfass zündete. Das Versagen schwacher Regierungen hatte den ersten Weltbrand zur Folge. Mit dem 20. Jahrhundert trat ein globaler Epochenumbruch ein, der die Monarchen vom Thron fegte. Der 1. Weltkrieg wurde bereits nicht mehr in herkömmlicher Weise geführt. Es kam nicht mehr auf die Tapferkeit der Soldaten im

Einzelkampf an. Diese Völkerauseinandersetzung wurde technisch ausgetragen. Sie führte zu ungeheuren Materialschlachten. Es ging darum: welche Industrie konnte am meisten und am wirksamsten Maschinengewehre, Kanonen, Fahrzeuge, Flugzeuge, Panzer, Giftgas, U-Boote und Flugzeuge auf die Schlachtfelder bringen? Die genormte Fertigung typisierter Waffensysteme vereinfachte dazu den Nachschub, aber auch die schnelle Ausbildung der Soldaten. Industrialisierung schuf so die Voraussetzung für das Massentöten. Der Krieg wandelt sich nun in zunehmendem Maße vom herkömmlichen Kampf zum Ausrotten durch Technik.

An den verantwortlichen Stellen wurde man sich schon bewusst, dass die nationalistische Kleinstaaterei nicht mehr zukunftsfähig ist. Nach Ende des Ersten Weltkrieges wurde der Völkerbund gegründet (10. Januar 1920), um den Frieden auf Erden dauerhaft zu sichern. Der Völkerbund wurde am Ende des Zweiten Weltkrieges (18. April 1946 in Paris) durch die Vereinten Nationen (UNO) abgelöst. Das riesige Gebäude der Vereinten Nationen (Babylonischer Turm) ist in New York am East River gebaut. In der Nähe steht ein beeindruckendes Denkmal. Ein muskulöser Mann schmiedet auf einem Amboss ein Schwert zu einer Pflugschar. Darunter steht: „Wir werden unsere Waffen zu Pflugscharen umschmieden. Gestiftet von der Sowjetunion".

Wiederum erkannte man, dass eine Völkervereinigung notwendig ist, um die anstehenden Probleme zu lösen. Aufrüstungen mit den modernsten und wirkungsvollsten Waffentechniken schöpft das Volksgut ab und stellt die Menschheit vor dem Abgrund. Ein nichtiger Anlass kann eine Weltkatastrophe herbeiführen. Die Geschichte mahnt uns: die Waffen-Produktion muss auslaufen und das dadurch gewonnene Potential dem Erhalt der Menschheit zufließen. Außenpolitik muss durch eine Welt-Innenpolitik abgelöst werden. Dann sind keine Streitkräfte mehr erforderlich, sondern lediglich schlagkräftige Polizeieinheiten.

Die Technik ist neutral. Sie ist ein Werkzeug in des Menschen Hand. Sie kann zum Segen und zum Fluch benutzt werden. Mit der Technik könnten auf der Erde paradiesische Zustände geschaffen werden (u. a. die gesteuerte E-Mobilität und Industrie 4.0). Der Planet würde dies hergeben. Andererseits könnten wir mit Einsatz der Waffentechnik eine unbewohnbare Erde zurücklassen.

Der Völkerbund und die Vereinten Nationen sind wenig erfolgreich gewesen. Eine umfassende Völkerverständigung kam nicht zustande. Dagegen kam es zum kalten Krieg und nur haarscharf sind wir an einem Atomkrieg vorbeigeschrammt. Eine einheitliche und friedliche Weltstrategie, abgestimmt auf die Bedürfnisse der Menschheit und Natur, ist anscheinend nicht durchführbar. Man versucht stattdessen notdürftig Krisen zu bewältigen und Brände zu löschen. Immer deutlicher wurde in den letzten Jahrzehnten, dass die Welt in der wir leben, nur dann eine Chance zum Überleben hat, wenn in ihr nicht länger widersprüchliche Ideologien und Religionen existieren. Die Weltgesellschaft braucht verbindliche Normen nicht nur im technischen, sondern vor allem im ethnischen Bereich. Die UN (United Nations) hat sich zur Aufgabe gestellt, die Welt zu gerechten und friedlichen Zielen zu führen. Das Wollen ist da, aber das Vollbringen ist eine impossible Mission. Warum?

Die Offenbarung des Johannes

In den vorherigen Kapiteln wurden beispielhaft einige Visionen und Bemühungen zu einer besseren Welt dargestellt - entstanden aus den unbefriedigenden Zuständen der jeweiligen Zeit. Die Beurteilung der Epochen hing jedoch auch davon ab, dass nur Teilaspekte erkannt wurden und man die Ursachen und den Sinn der unbefriedigenden Zustände nicht im Ganzen erfasste. Der aufrichtige Historiker weiß jedoch, dass jede Sicht oder Zukunftsvorstellung vorläufig ist und dass eine Ideologie oder

Weltanschauung nie etwas anderes ist, als der Stand des aktuellen Irrtums. Wer weiß schon, um was es beim Urknall wirklich geht? Wer weiß schon um den letzten Sinn seines irdischen Rollenspiels? Und wer weiß letztlich um die eigentliche Berufung der Menschheit im riesigen Weltraum?

Ganz unwissend sind wir aber trotzdem nicht. Wir gehen als Menschheit auf einem Pilgerweg durch leidvolle Erfahrungen und berühren dabei die Antworten auf unsere bitteren Warum-Fragen. So fangen wir an, nicht nur klug zu werden, sondern auch im Buch der Welt zu lesen.

Ein Buch, das sich mit den grundsätzlichen Seins-Fragen und Zukunfts-Perspektiven befasst, ist die Bibel. Während weltliche Machtsysteme und Organisationen nur eine Wirkungsdauer von Jahrzehnten haben, rechnet die biblische Prophetie mit Jahrtausenden und Äonen. Die Kirchen sahen die weltlichen Mächte kommen und gehen. Wo sind ihre Weltreiche geblieben? Die Ideologien mitsamt ihren Mächtigen verschwanden. Die Machthaber ahnten vielleicht etwas von ihrer Frist, begriffen aber nicht auf welch wankenden Boden sie bauten. *Hitler* beispielsweise sagte: *Mögen die Alten zu ihren Beichtstühlen hinken. Ich habe die Jugend und damit die Zukunft.* Er wollte ein tausendjähriges Reich errichten. Es währte nur 12 Jahre. Was uns als Größe erscheint, ist oft genug nur die Maske eines Ohnmächtigen, der an sich selbst verzweifelt.

Für Christen aller Jahrhunderte ist es selbstverständlich, dass Gott und Christus sich in der Geschichte immer wieder durch Propheten offenbaren. So bekamen wir eine Zukunfts-Schau aus einer transzendenten Welt. Bei diesen Voraussagen einfach zu behaupten, sie seien Humbug, wäre eine Ausflucht, die einem Abdanken der Vernunft gleichkommt. Der aufgeschlossene Mensch müsste hier – wenn schon nicht als Wissenschaftler, so doch als vernunftgeleiteter verantwortlicher Mensch, subtiler denken. Er bekommt dafür ein neues Weltverständnis und eine grandiose Zukunftsperspektive.

Auch *Johannes,* durch den die Offenbarung (das letzte Buch der Bibel) geschrieben wurde, wirkte als Prophet. Der ehemalige Jünger von Jesus empfing auf der griechischen Insel Patmos, wohin er als Gefangener verbannt wurde, eine Weltschau, die wir heute als *Offenbarung des Johannes* kennen.

Johannes durfte den höchsten Erkenntnis-Berg erklimmen. Er stieg bis auf den Olymp. Ihm war es vergönnt am Thron des Weltenmeisters zu stehen. Von dort schaute er weiter, als es je ein Visionär getan hatte. Er blickte von der Zeitenwende (Kalender-Beginn) in einen neuen Kosmos, der aus dem alten Universum geboren wird. Seine Zukunftsschau war mehr als eine Vision – sie war eine Offenbarung Gottes.

Er sah von seiner Zeit bis in unsere Gegenwart, in eine Geschichte mit Blut und Tränen geschrieben. Er sah Hunger- und Teuerungszeiten, Streit und Uneinigkeit, Katastrophen und Krieg, Seuchen und Tod (z. B. die vier apokalyptischen Reiter). Er prophezeite also erst einmal keine friedlichen und glücklichen Zeiten. Heute, fast 2000 Jahr später, können wir die Richtigkeit seiner Vision bestätigen.

Danach beginnt für uns der Blick in die Zukunft. Johannes sah, zumindest in Teilbereichen, die Entwicklung einer Technik die zur Globalisierung der Welt führt. U. a. eine Informationstechnologie, die einen bargeldlosen Zahlungsverkehr weltweit ermöglicht. Zu seiner Lebenszeit war dies ein absolut absurder Gedanke. Für uns heute, ist er in greifbare Nähe gerückt. Johannes sah des Weiteren aus dem Völkermeer einen Weltherrscher (Antichrist) aufsteigen, der die neuen Technologien nutzte. In seinem fortschrittlichen System bekommt jeder Regimegegner auf seiner Chip-Karte einen speziellen Code. Wer ihn hat, kann weder kaufen noch verkaufen. Er bekommt von keinem Supermarkt noch von einer Tankstelle etwas. Bargeld gibt es nicht mehr. Krankenkassen- und Rentenansprüche sind passé. Der so „gezeichnete" kann nur noch aus der Mülltonne leben. Auf Konzentrationslager, Gulags und Gefängnisse kann der moderne Herrscher weitgehend verzichten.

Das ist freilich nicht alles. Kein Tyrann kann auf Anerkennung verzichten. Er will angebetet sein. Wenn er eine Ansprache hält, wird diese über alle Fernseh-Sender weltweit übertragen. Eine Rückmeldung, die eine Zustimmung signalisiert, wird gefordert. Die Technik macht es bis dahin möglich. Wer öfters die Sendungen verpasst oder ihnen nicht zustimmt, riskiert vom bargeldlosen Zahlungsverkehr ausgeschlossen zu werden. Hitler hatte seinen Volksempfänger, um die Deutschen auf sein System einzuschwören. Der Antichrist kann auf fortschrittliche TV-Geräte und Smartphones zurückgreifen, um mit seiner Hilfe die Welt für ihn zu begeistern. Der Weltherrscher hat aber auch insgeheim Angst, wir alle Tyrannen vor ihm, er braucht ein perfektes Überwachungssystem, um seine Macht zu sichern. Kinder werden in dieser Zeit ihre Eltern verraten und Lehrer ihre Schüler.

Hitler war ein Vorläufer dieses kommenden Weltherrschers. Er sagte einmal in einem Gespräch, dass er den Auftrag habe, dass unvollendete Werk Christi zu vollenden. Von wem er diesen Auftrag bekam, konnte er nicht genau definieren. Er sprach immer nur von der „Vorhersehung". War aber als Ausersehener entschlossen das „Tausendjährige Reich" zu schaffen. Dieses Reich beschreibt *Johannes* in seiner Offenbarung. Nach ihr wird Christus weltweit ein tausendjähriges Friedensreich gründen und regieren. Auch der Begriff „Drittes Reich", der identisch ist mit diesem Friedensreich, stammt nicht von *Hitler*, sondern aus der christlichen Mythologie.

Entscheidend für die moderne Idee des *Dritten Reichs* war, was in der Forschung allgemein unbestritten ist, dass das Reich Christi sich nicht auf sein Wirken in Israel und der Kirche beschränkt, sondern ihm noch ein weltweites Reich folgen wird. Formuliert wurde dieser Gedanke von dem Geschichtstheologen *Joachim von Fiore* im 12. Jahrhundert, der die Gesamtgeschichte in drei Zeitalter oder Reiche einteilte. Er sah im ersten Reich das göttliche Reich des Alten Bundes (das alttestamentliche „Reich des Vaters"), im zweiten das christliche „Reich des Sohnes" und im dritten, dass der dritten göttlichen Person („Friedensreich des Heiligen Geistes", „Zeitalter der Erlösung"). *Joachim von Fiore* bezog sich bei diesen Gedanken auf die *Offenbarung des Johannes*, Kap. 20, v. 1–10. Bei der Beschreibung seiner drei Reiche akzentuierte er, dass jedes davon durch einen „Führer" bestimmt sei. Zugleich öffnete er damit den Blick auf die „Endzeit".

Das Hitler-Deutschland endete jedoch in keinem Friedensreich, sondern in Schutt und Asche. Allerdings beschränkte sich *Hitlers* Einfluss nur auf Europa. Die Katastrophe war noch territorial. Sein Nachfolger dagegen, der Antichrist, bringt die gesamte Welt unter seiner Kontrolle. Während es *Hitler* immerhin noch auf 12 Jahre brachte, schafft es der kommende Weltherrscher nur noch auf sieben Jahre. Die Bilanz allerdings kann sich sehen lassen. Nach seiner Herrschaft ist der dritte Teil der Landmassen verwüstet, der dritte Teil der Meere vergiftet und dritte Teil der Menschheit umgekommen.

Das Auftreten des ersten Weltdiktators (Antichrist) lässt sich gleichnishaft wiederum mit dem Auszug des Volkes Israel aus Ägypten vergleichen. *Mose* hatte seinerzeit den Auftrag sein Volk von der Sklaverei zu befreien und aus dem Frondienst Ägyptens in das Gelobte Land zu führen. Er kannte den amtierenden Pharao von Kindheit an. Mit ihm ist er zusammen am Königshof aufgewachsen. Manche Jugenderlebnisse teilten sie miteinander. Jetzt aber hatte die Zeit alles geändert. Der einstige Jugend-Gespiele war der erste Mann im Staat und *Mose* ein Sklavenführer, der von ihm fordert: „Lass mein Volk gehen!" Es kam zur Konfrontation. Zum Schluss lag Ägypten verwüstet da und Pharao ging mit seiner Armee im Roten Meer unter. Als *Mose* nach Durchquerung des Roten Meeres am nächsten Tag am Ufer stand, spiegelte sich die Morgensonne rötlich im Wasser. Auf der glatten Oberfläche schwammen noch vereinzelt

Ausrüstungsgegenstände des ägyptischen Heeres - über ihm aber ging die goldene Sonne eines neuen Zeitabschnittes auf.

Ähnlich geht es auch in der noch vor uns liegenden Epoche zu. Dabei steht aber die gesamte Erde im Blickpunkt des Sehers, auf der ein gottloser Weltdiktator (Antichrist) die Menschheit nach seiner Pfeife tanzen lässt. Diesmal fordert der wiedergekommene Christus von dem Weltdiktator: „Let my peopel go!" (in Englisch, weil zu dem Zeitpunkt Englisch die Weltsprache ist). Zum Verständnis des folgenden muss man wissen, dass *Hitler* nur eine Marionette war, wie es der Antichrist auch sein wird. Hinter ihnen steht eine andere Macht. Christus kennt seinen wirklichen Gegenspieler gut. Er war als Lichtsträger (= Luzifer) dabei, als aus dem Urknall das Universum entstand. Mit den anderen Engeln jubelte er, als der Kosmos sich entfaltete. Danach kam es jedoch zum Aufstand im Himmel. *Luzifer* wollte selbst Gott sein und riss ein Drittel der Engelscharen mit sich. Gott gab ihn daraufhin Gelegenheit sich zu beweisen und setzte ihn zum Fürsten über den Sternenhimmel, damit er sich dort als Gott beweisen konnte. Er hätte sich im Kosmos ein Imperium aufrichten können. Platz war genug da. Stattdessen blieb oder wurde es ein tödlicher Raum. Auch die Erde blieb wüst und leer, bis der Geist Gottes dort vielfältiges Leben schuf, um den Menschen darauf zu erschaffen.

Bevor Christus seine irdische Mission auf Erden begann, traf er in einer Wüste mit *Luzifer* zusammen. Nach einem Vorgeplänkel rückte schließlich *Luzifer* mit seinem Anliegen heraus. Er sagte: *Die Erde mit ihrer Macht und Herrlichkeit gehört mir, ich gebe sie wem ich will. Wenn du vor mir niederfällst und mein Vasall wirst, übergebe ich dir alles.* Christus hätte damals der Antichrist (der erste Weltherrscher) werden können. Aber er lehnte ab, er fühlte sich jemand anderen verpflichtet. *Luzifer* hatte wohl auch zu stark aufgetragen mit seinem angeblichen Besitz. Es kostete ihn über 2000 Jahre bis er alle Mächte dieser Erde erobert hatte. *Luzifer* bekämpfte daraufhin Christus. Sein triumphalster Erfolg war, dass er die damalige fromme Elite dazu brachte, ihn dem Kreuzestod auszuliefern. *Luzifer* ahnte damals noch nicht, dass er damit sein Recht auf die Menschheit verlor.

So wie Mose nach einem 40-jährigen Wüstenaufenthalt (wo er bei seinem Schwiegervater Schafe hütete) wieder nach Ägypten zurückkam. So kommt auch Christus nach seinem Tod wieder zurück und fordert den Antichristen auf, ihm sein Volk zurück zu geben. Wie Pharao einst, widersteht auch der Antichrist. Aber auch die Erdbevölkerung will sich nicht unter der Herrschaft Christi beugen (wie einst die Nazi-Deutschen sich ihren Befreiern bis zuletzt widersetzten). Es kommt, wie in Ägypten, zu vielen Plagen. Am Ende ist der Erd-Planet in einem desolaten Zustand und Milliarden Menschen sind umgekommen. So wie seinerzeit Pharao mit seiner Armee im Roten Meer unterging, wird der Antichrist mit seinen weltweit zusammengetrommelten Heerscharen in der Endzeitschlacht von Harmagedon vernichtet.

Der Krieg in Harmagedon klärt endgültig die Frage, wer der oberste Herrscher der Welt sein wird. Somit wird Harmagedon zum Symbol einer großen Auseinandersetzung - zwischen den Kräften des Guten und Bösen. Der Kampf wird in der Gegend von Jerusalem stattfinden. Danach wird *Jesus Christus* als oberster Herrscher der Menschheit anerkannt. Durch ihn werden die Nationen endlich wirklich vereint. Die Organisation „Vereinte Nationen (UNO)" wird Vollmacht gewinnen und nach Jerusalem umziehen.

Harmagedon ist ein Paradigmenwechsel par excellence in der Menschheitsgeschichte. Es markiert den Punkt, an dem Misswirtschaft und Machtmissbrauch durch Menschen und Dämonen zu Ende gehen. Harmagedon steht auch für die Verwirklichung aller menschlichen Visionen und Sehnsüchte. Es steht für einen weltweiten dauerhaften Frieden und beweist, dass alles Unvernünftige in der Historie dämonischer Natur war.

Es mag eine unerfreuliche Vorstellung sein, aber die Apokalypse offenbart, dass der Mensch leider nur durch drastische Methoden zur Einsicht kommt. Gott selbst schreitet durch herbe Gerichte ein, um einer zum Scheitern verurteilten Welt doch noch den Frieden zu ermöglichen. Alle Bereiche des Lebens – zum Beispiel Gesellschaft, Wirtschaft, Politik, Bildung und Religion – muss Christus neu ordnen und auf ein vernünftiges Fundament stellen.

Nach dem „Endsieg" von Christus muss man den Antichristen mit seiner Armee begraben. Der eigentliche Drahtzieher im Hintergrund, *Luzifer*, ist aber unverweslich. Er wird mit seinen Dämonen in ein geeignetes Gefängnis gesperrt. Damit fängt das letzte Zeitalter der Erdschichte an.

Die Sehnsuchtsträume der Menschheit werden nun Realität. Die diktatorische Knechtschaft fällt weg. Die Nationen und Völker können sich wieder frei entfalten. Die am Anfang noch bestehenden Auseinandersetzungen werden von Christus geschlichtet. Danach werden sie ihre Schwerter zu Pflugscharen schmieden. Alle Armeen werden abgeschafft. Nur die „Vereinten Nationen", mit Christus als ihren Präsidenten, haben noch eine schlagfertige Einsatztruppe um bei evtl. Aufständen sofort eingreifen zu können. Ansonsten gibt es nur noch Innenpolitik, bzw. Weltpolitik. Die globalen Herausforderungen werden gemeinsam gelöst. Mit den neuen UN-Präsidenten hatte man eine lautere und wollwollende Persönlichkeit, die außerordentlich kompetent in allen irdischen wie transzendenten Fragen ist. Ein Volksführer nach dem anderen gibt sich in Jerusalem die Klinke in die Hand, um sich bei ihm Rat für sein Land zu holen.

Da Militär nicht mehr benötigt wird, stehen gewaltige Ressourcen zur freien Verfügung. Wüsten werden urbar gemacht. Krankheiten, wie Krebs, besiegt. Wenn zu dieser Zeit jemand mit 100 Jahren stirbt, so gilt er als jung verstorben. Der Wohlstand steigt. Die Technik wird auf abgasfreie Technologie umgestellt. Die Umwelt erholt sich. Die Automatisierung der

Routinevorgänge schreitet soweit voran, dass der Mensch sich mehr der Musik, Kunst, Spiel, Hobby und Urlaub widmen kann als der Arbeit. Um sich wissenschaftlich auszutoben, wird die Weltraumfahrt vorangetrieben. Die Galaxis Milchstraße wird weitgehend erforscht. Man weiß, man besteht aus Sternenstaub und will sein materielles Ursprungsland besser kennen und verstehen lernen. Kurzum, aus der herabgewirtschafteten Erde wird ein Paradies. Das vom kollektiven Unterbewusstsein immer angestrebte Sehnsuchtsland wird Wirklichkeit - unter der Führung einer außergewöhnlichen Persönlichkeit.

Dennoch, nach 1000 Jahre endete dieses Reich auf unglaublich tragische Weise. Am Ende des Millennium-Reiches wird *Luzifer* mit seinen Dämonen kurz freigelassen. Diese Prinzen der Finsternis verführen sogleich die Nationen auf dem ganzen Erdball. Die Führer der Völker rüsten sofort wieder auf und rücken, von allen Kontinenten aus, mit großen Heeren gegen Jerusalem vor, um die Weltregierung (Christus und die „Vereinten Nationen") auszuschalten. Nun greift Gott ein. Feuer fällt vom Himmel und verzehrt alle Feinde.

Mit diesem Ereignis geht unser Zeitalter zu Ende. Die Urknall-Schöpfung, sowie die Erde mit ihrer Mischung aus Gut und Böse, geht in einen neuen unvergänglichen Kosmos über. Gut und Böse trennen sich. Luzifer und seine Vasallen bekommen eine eigene, von Gott getrennte Welt, in der sie sich ohne Hemmnisse entfalten können - zusammen mit allen, die das Böse lieben. Die anderen finden im neuen Kosmos zu ihrer eigentlichen Bestimmung. In den folgenden Abschnitten wird dazu noch einiges erläutert. Das Projekt „Menschheitsgeschichte", welches sein Vorspiel im biblischen „Auszug aus Ägypten" fand, geht nun seiner Vollendung entgegen.

In der endzeitlichen Erfüllungsebene steht der Frondienst Ägyptens für die **Erdenzeit**. Die anschließenden 40 Jahre Wüstenwanderung stehen für das **Totenreich** und das Gelobte Land ist ein Synonym für den **Neuen Kosmos**. Bevor wir aber auf die drei Begriffe eingehen, noch ein Wort zum Tausendjährigen Reich. Eigentlich könnte man annehmen, dass mit diesem paradiesischen Reich alles wieder „in Butter ist" und es ewig so weiter gehen könnte. Was soll noch besser werden, wenn man darin herrlich und in Freuden leben kann? Die Quintessenz dieses Reiches ist jedoch, dass man zwar durch eine gute und kompetente Führung großartige Verhältnisse schaffen, aber nicht den Menschen ändern kann. Die Ideologie des Kommunismus hat nicht Recht mit ihrer Aussage: Bessert die äußeren Gegebenheiten (z. B. die Produktionsverhältnisse) und der Mensch wird gut. Die Geschichte des Tausendjährigen Reichs zeigt, dass die „Giftfässer im Keller des Menschen" nicht beseitigt, sondern nur in Ruhe gelassen wurden. In solch einem Paradies gleicht der Mensch einem Alkoholiker, dessen Sucht zum Stillstand kam. Die Krankheit wurde aber nicht beseitigt, sie parkte nur. Ein Tropfen Alkohol kann genügen um das alte wilde Wesen wieder hervorbrechen zu lassen. Zudem konnte das System zwar Krankheiten besiegen, aber nicht den Tod. Es wäre auch kritisch gewesen, den Menschen mit seinen Giftfässern unsterblich zu machen. Die Dämonen hätten dann zu ihm sagen können: „Willkommen in unserm Club".

Gott aber will eine stabile Welt, in der ein Rebell nicht alles zum Umkippen bringt. Wie es geschah bei den Engeln im Himmel, im ersten Paradies bei Adam und bei der Menschheit im Tausendjährigen Reich - dem letzten Paradies. Gott braucht Menschen ohne Giftfässer im Keller. Er braucht gereifte Wesen, die Gut und Böse unterscheiden können – und er braucht Menschen mit Freiheitskompetenz. Dies erfordert, wie wir noch sehen werden, einen unvorstellbaren leidvollen Aufwand.

Die Erde als Trainingslager

Die Urknall-Schöpfung war von Anfang an auf Vergänglichkeit konzipiert. Das Universum läuft ab wie ein aufgezogenes Uhrwerk. Physikalisch ausgedrückt: die Entropie geht auf einem Höchstwert zu. Beim Höchstwert = „Wärmetod", ist die Uhr dann abgelaufen, die Substanz der Uhr aber immer noch vorhanden. Das Baumaterial der Welt ist Energie, die weder erzeugt noch vernichtet werden kann (1. Hauptsatz der Thermodynamik). D. h. die Substanz selbst ist ewig, sie kann nur verwandelt werden – z. B. von einer Welt in die andere. Energie geschieht also (panta rhei – alles fließt) und spannt dabei Raum und Zeit auf!

Unser Planet ist in der zweiten Generation der Sterne entstanden. Die Erde und wir wurden geboren aus Elementen, die in der ersten Sternen-Generation geschmiedet wurden. Sterne mussten also sterben, damit wir entstehen konnten. Dieses Opferprinzip durchzieht die gesamte Urknall-Schöpfung. Wenn wir beispielsweise Brot essen oder mit elektrischem Strom unsere Waschmaschine betreiben, so haben wir dies der Sonne zu verdanken, die sich für uns aufopfert und in ihrem Sterbeprozess uns Lebens-Energie sendet. Es gibt kein Dasein auf Erden, dass nicht auf Kosten von anderen lebt!

Grundsätzlich kann man dabei die Frage zu stellen: Worum geht alles immer zum Negativen? Warum geht es durch Opfer und Leid, Mühsal und Elend immer dem Tod zu? Oder müsste es vielleicht heißen: … alles geht durch den Tod zum Leben?

Gottfried Wilhelm Leibnitz (1646 – 1716) hilft uns auf die schwere Sinnfrage eine Antwort zu finden. *Leibnitz* war ein Philosoph. Einmal hat er gesagt: „Alles Übel entsteht aus dem endlichen Wesen der Welt." Das erinnert uns an den 2. Hauptsatz der Thermodynamik: In einem abgeschlossenen System (z. B. dem Weltall) strebt die Entropie einem Höchstwert zu. Das heißt: alles geht letztlich von einem geordneten in einen ungeordneten Zustand über, von der Struktur zum Chaos, von der

Gesundheit zur Krankheit und vom Leben zum Tod. Andererseits hat er gelehrt, dass unsere Welt die beste aller möglichen ist. Sie besitzt einen maximalen Reichtum von Momenten und in diesem Sinn die größtmögliche Mannigfaltigkeit. In seiner Zeit ist diese Aussage nicht verstanden worden. Man hat sie so interpretiert: Gott hat vor der Erschaffung der Welt alle Möglichkeiten durchgespielt, musste es aber so vielen wie möglich recht machen und alle Gesetzmäßigkeiten und Einflüsse berücksichtigen, die aus der einen oder anderen Welt resultierten. Danach ist unsere Welt als die günstigste entstanden. Mehr war eben nicht drin, und wir müssen nun damit zurechtkommen. Es gab beißenden Spott über diese These. Als dann in dieser Zeit der Vesuv in Italien ausbrach und tausende von unschuldigen Menschen verschüttet wurden, gab es auch harsche Proteste gegen die „beste aller möglichen Welten".

Nachdem was die Kriege an Grauen brachten, hätten die meisten sie eher als die schlimmste aller möglichen Welten bezeichnet. Doch Leibniz hat wahrscheinlich nicht gemeint, dass der derzeitige Zustand der Erde der bestmögliche ist, sondern dass das Evolutionspotenzial unserer Erde das Beste aller möglichen Welten ist. Diese Welt mit ihrer Mannigfaltigkeit und Vielfältigkeit hat das Zeug, dass aus ihr die beste aller möglichen Welten entsteht. In Bezug auf die moderne Technik hat Leibniz sicher recht gehabt. In keiner anderen Welt hätte sie sich so entfalten können wie in der unseren. Aber auch im Bezug auf den Menschen hat er Recht. Die Erde ist mit ihrer großen Anlagenvielfalt und dem ausgewogenen Verhältnis zwischen Gut und Böse ein Trainingslager, wo der Mensch seinen Grundlehrgang absolviert. Er lernt hier bei weitem nicht alles, aber das, was er in keiner anderen Welt mehr lernen kann. Allein hier gibt es die Auseinandersetzung zwischen Gut und Böse. Dies kann keine andere Welt künftig mehr bieten, weil dann Gut und Böse für immer getrennt sind. Aus der Urknall-Schöpfung, in der die dramatische Geschichte der Menschen mit Blut und Tränen geschrieben wurde, wird „die beste aller möglichen Welten" auferstehen. Selbst das eitle und unsinnige Wirken auf diesem Planeten wird beim Untergang zur Saat, die die Neue Welt zu immerwährender Schönheit erblühen lässt. Das klingt zwar absurd. Doch hier einige Beispiele über die Lernziele der Erdenzeit, um ein Sinn-Verständnis für das „Erdendrama" zu bekommen. Fangen wir mit dem unbedeutendsten Aspekt an.

1. Das Kontrastprogramm

Wir können die Neue Welt (unsere zukünftige Heimat) nur wertschätzen, wenn wir sie mit der jetzigen vergleichen. Wenn jemand in einem dunklen Kerker angekettet jahrelang in Urin und Kot liegt, dann schätzt er die Freiheit mit einem bequemen Bett, und ab und zu einem Bad in der Wanne. Hat jemand von Geburt an ständig diese Annehmlichkeit, ist es für ihn nichts Besonderes. Er träumt dann vielleicht von einem Schloss am Meer und ist mit seiner Lage unzufrieden. Auch Erdenbürger, die ein langes Leben voller Privilegien erhoffen, müssen sich eingestehen, dass sie hier ständig in einer Grauzone der Unsicherheit leben. Jederzeit kann das Unheil sie von innen (z. B. Krankheit) oder von außen (z. B. Unfall) treffen. Es gibt hier kein Happyend, am Schluss steht immer Alter, Krankheit, Not und Tod. Wer hier auf Glück hofft, der wird vom Leben betrogen. In der Neuen Welt dagegen ist Stabilität, da gibt es kein Leid, keinen Schmerz, kein Geschrei und keinen Tod mehr. Wer hier das volle Leidens-Programm durchlaufen hat, wird es genießen, dass er dort nie wieder auf einem Zahnarztstuhl sitzen muss.

2. Förderung der Kreativität

Engel haben nie eine Maschine erfunden, eine Brücke entworfen oder ein Fahrzeug gebaut. Sie brauchten es nicht und konnten sorglos und unbekümmert leben. Die Menschen dagegen sind ständig in ihrer Existenz bedroht. Ohne Kreativität könnten sie auf diesem Planeten nicht überleben. Sie sind Wesen, die, aus Furcht vor dem Tod, lebenslang gefordert werden. Vielleicht könnte eine begrenzte Zahl von Menschen in warmen fruchtbaren Landschaften ohne Hilfsmittel überleben, indem sie sich von Beeren und Gras ernähren. Aber bereits, wenn sie jagen wollen, brauchen sie eine entsprechende Ausrüstung: wie Fallen, Speere, Pfeil und Bogen, usw. Wenn sie sich dann auch noch in Städten und kalten Gegenden ansiedeln, wird der Aufwand noch größer. Sie müssen Land kultivieren und für ausreichende Erträge sorgen. Transportlogistik und Verteilsysteme sind notwendig, dass auch noch der Bürger, im 50. Stockwerk eines Hochhauses, am Leben erhalten werden kann.

Gerade die unbefriedigenden Verhältnisse auf dem Planeten Erde haben den Menschen genötigt kreativ zu werden und seine Situation zu verbessern.

Die Erde ist kein Festgelage, sondern ein Trainingslager in dem der Mensch gewissermaßen gezwungen wird etwas zu seinem Überleben zu tun. In dieser Hinsicht ist die Erdausbildungsstätte, gerade wegen ihrer miesen Umstände, sehr erfolgreich gewesen. Ein Steinzeitmensch würde staunen, wenn er heute mit einem Großraumflugzeug über Länder und Meere fliegen könnte.

Maschinen, Kraftwerke und Computertomografen hätte man nicht gebraucht, schon gar keine Waffen, wenn man in einem Paradies lebte. So aber musste man Häuser, Waffen, medizinische Geräte, Maschinen und Fahrzeuge bauen, um das harte Leben zu erhalten und zu erleichtern. Dies ist das Umfeld, in dem der Mensch lernte mit Hilfe seiner Kreativität in allen Gegenden zu überleben.

Gott selbst ist ein genialer Ingenieur. In Bezug auf diese Fähigkeiten kommt der Mensch mit seiner Kreativität Gott näher als jedes andere Geschöpf. Und mit seinen erlernten Fähigkeiten wird der Mensch bei der Bebauung der Neuen Welt noch sehr gefragt sein.

3. Erlernen von Kompetenzen

Nicht für die Schule, für das Leben lernen wir. Der Planet Erde ist die Hochschule Gottes. Hier üben wir für die Ewigkeit.

Als erstes haben wir **Selbstkompetenz** einzuüben. Mit den Giftfässern in uns und der Dämonie um uns, ist es gar nicht so leicht den Karren des Lebens auf Spur zu halten. Wir müssen vor allem lernen, die Gedanken und Emotionen in jeder Lage zu disziplinieren. Ein Gemütsausbruch hat hier meist nur begrenzte Folgen. Später aber bekommen wir viel Macht. Durch die Macht unserer Gedanken können wir später ganze Welten verändern und das unter Umständen auf ewig. Unter allen Belastungen müssen wir kontrolliert handeln können. Es wird von uns eine lautere Grundhaltung gefordert, die wir in allen Situationen unbedingt zu vertreten haben.

Wenn es uns in den Erdentagen aber halbwegs gelingt, den „Lebenskarren" einigermaßen in Spur zu halten, werden wir später, wenn wir ein super Lebens-Gefährt bekommen, großartige Leistungen vollbringen.

Als nächstes haben wir **Sozialkompetenz** zu erlernen. Auf unserem Planeten gibt es dazu reichlich Gelegenheit. In einem Paradies oder einer Engelswelt gibt es keine Sozialfälle. Wir aber haben hier reichlich Gelegenheit Nächstenliebe zu erlernen. Im Weltgericht sagt Jesus zu einer vor ihm versammelten Menschengruppe aus allen Völkern: *Ich bin hungrig gewesen, und ihr habt mich gespeist. Ich bin durstig gewesen, und ihr habt mich getränkt. Ich bin ein Fremdling gewesen, und ihr habt mich beherbergt. Ich bin nackt gewesen, und ihr habt mich bekleidet. Ich bin krank gewesen, und ihr habt mich besucht. Ich bin gefangen gewesen, und ihr seid zu mir gekommen. Kommt her, ihr Gesegneten, ererbet das Reich, das euch bereitet ist von Anbeginn der Welt.* Matthäus 25, 36 zeigt dazu, wie wichtig diese Kompetenz von der „Oberen Regie" angesehen wird.

Des Weiteren erlernen wir auf unseren Ausbildungs-Planeten auch noch **Wissens- und Methoden-Kompetenz**. Die Abläufe auf der Erde sind ziemlich komplex. Viel Wissen und Methoden sind erforderlich um mit ihnen zurecht zu kommen oder die Erde gar zu beherrschen. Der Auftrag von Gott lautet: Machet euch die Erde untertan. Das ist eine große kollektive Herausforderung, die jedoch auf Spezialisten aufgeteilt wird. Der Bau von Geigen, die Konstruktion von Maschinen oder das Weiden von Schafen erfordert jeweils spezielles Wissen und geeignete Vorgehensweisen. Die vielen Experten vereinen sich zu einem Organismus, der die kollektive Wissens- und Methodenkompetenz der Menschheit ausmacht. Zum Schluss hat Gott eine Spezies, die mit allen Wassern gewaschen ist, und die alles Ausführen kann was sie sich vorgenommen hat. Er wird sie brauchen können, denn die Neue Welt ist um einiges größer - und auch da lautet die Herausforderung an uns: Bebaut und bewahrt sie.

4. Entscheidung zwischen Gut und Böse

In einer Welt wo es nur Gutes **oder** Böses gibt, braucht man sich nicht zu entscheiden. Da lebt man jenseits von Gut und Böse. Man empfindet dort seine Welt als normal. Es gibt kein Unterscheidungskriterium. Wir aber leben in einer Mischwelt zwischen Gut und Böse. Tagtäglich haben wir uns damit auseinander zu setzen. Im Garten Eden wurde dem ersten Menschenpaar von der Schlange eine Frucht angeboten, mit der Bemerkung: Wenn ihr davon esst, werdet ihr Gut und Böse kennenlernen und sein wie Gott. Das mit „Gut und Böse" stimmte schon. Aber ihr werdet „sein wie Gott", das war der Betrug. Adam und Eva waren nach dem Bild Gottes geschaffen. Dieses Bild verloren sie und infizierten sich stattdessen mit dem Gift der Schlange. Seitdem trägt die Menschheit ein falsches Gottesbild in sich. Das Bild eines Tyrannen, der das Recht des Stärkeren für sich beansprucht und von dem anderen Opfer abverlangt, damit er im Machtrausch leben kann. Der wahre Gott ist anders. Er trägt alles und gibt sich selbst zum Opfer, damit seine Geschöpfe leben können. In dieses Bild der Demut und

Hingabe sollen wir wieder hineinfinden. Dieses Bild stand über uns, als wir aus dem Sternenstaub erwachten, und es verursacht die versteckte Sehnsucht in uns. Die beiden „Urtypen" sind die Quellen für Gut und Böse. Wir müssen sie kennenlernen, und uns für die eine oder andere Seite entscheiden. Darin besteht die tragische Freiheit des Menschen.

Freiheit ist das Vermögen zum Bösen. Das schwere Recht der Freiheit, haben Engel wie Menschen missbraucht und sind in grausige Tiefen getaucht und verloren das Bild ihre Herrlichkeit. Damit sie dies konnten, mussten sie erst einmal eine Gelegenheit dafür haben. Die Erde, mit ihrem ausgewogenen Verhältnis von Gut und Böse, gibt dem Menschen die Möglichkeit sich für eine Richtung zu entscheiden. Der Mensch lebt in einer „Mischwelt" zwischen Gut und Böse und hat zumindest theoretisch die Chance ein Heiliger oder ein Verbrecher zu werden. Nicht alle Karrierewünsche werden hier war, aber man kann doch die gewünschte Richtung anvisieren. Der nächste Raum, das Totenreich, wird vollenden, was man hier aus innersten Verlangen (nicht aus Zwang oder Irrtum) angestrebt hat. Gott zwingt keinen zu seinem Glücke. Der Mensch kann sich Entscheiden für wen oder was er will. Wenn nicht hier, dann dort!

5. Stabilisierung der Neuen Welt

Wenn ein untrainierter Boxer keine Kampferfahrung hat, wird er, wenn er auf einen starken Gegner trifft, unterliegen. Die Engel, Adam und Eva, sowie die Menschen im Tausendjährigen Reich hatten keine Erfahrung in der Auseinandersetzung mit dem Bösen. Eine Versuchung reichte und sie kippten um. Bei Menschen, die aus dem irdischen Tränental kommen und Kriege, Leid und Tod hinter sich brachten, ist das anders. Sie kennen das Böse mit seinen Auswirkungen zur Genüge. Sie haben keine Lust mehr sich auf zwielichtige Parolen einzulassen und dabei den Himmel mit der Hölle zu tauschen. Wenn in der Neuen Welt je wieder einer kommt, wie im ersten Paradies, mit einer Verführungs-Frucht in der Hand, wird er nur noch ein müdes Lächeln ernten. Zwar hat auch in der kommenden Welt jeder Mensch die Freiheit sich gegen Gott zu entscheiden, niemals aber werden andere ihn folgen. Er wird nur auf massives Unverständnis stoßen.

Dazu noch eine Randbemerkung: Im Tausendjährigen Reich genossen Menschen die lange Friedenszeit, insbesondere weil sie von der Vorgeschichte wussten, die mit Blut und Tränen geschrieben wurde. Trotzdem zogen sie gleich bei der ersten Verführung erneut begeistert in den Krieg und ins Unglück. Hier zeigt sich einmal wieder, dass der Mensch nichts aus den Geschichtsbüchern lernt. Der Mensch wird nur durch eigene bittere Erfahrungen klug. Deswegen das herbe Trainingslager auf Erden - zwischen guten und bösen Tagen!

6. Reifung durch Leiden

Leben heißt Leiden! Entweder leide ich oder andere. Leiden ist geradezu ein Markenzeichen auf unseren Planeten. Aber warum eigentlich? Wozu sollen wir auch noch Leiden lernen? Geht es nicht auch anders? Die Leidenskompetenz ist die rätselhafteste und unangenehmste von allen Kompetenzen. Wir überheben uns aber am Leben, wenn wir meinen, diesen Punkt einfach verdrängen zu können – als hätte das Leiden nicht auch das Recht und den Sinn, durchlebt zu werden. Was du durchlebst verwandelt dein Herz. Nur dort wird man lesen, was du begriffen hast. Gott wird dich dermaleinst nicht fragen, auf wieviel Fragen du eine Antwort wusstest, sondern, welche Antworten du gelebt hast.

Am besten geht man jetzt gleich zum nächsten Punkt über. Für die aber, die tief im Leiden stecken und deren „Warum?" schwer wiegt, sollen ein paar Antworten gegeben werden. Grundsätzlich sei klargestellt: Der Mensch ist nicht zum Leiden da, sondern das Leiden ist für den Menschen da. Wenn der Mensch vollendet ist, wird es für ihn kein Leid, keinen Schmerz, kein Geschrei und keinen Tod mehr geben.

Leiden stammt nicht von Gott, sondern ist eine Folge der Trennung von Gott. So wie in der abgeschlossenen Welt unseres Universums die Entropie einem Höchstwert zugeht, so geht, nach der Trennung von Gott, der Leidensdruck einem Höchstwert entgegen. Die Zunahme der Entropie bedeutet, wie schon erwähnt, dass alles von einem geordneten in einem ungeordneten Zustand übergeht; von der Struktur ins Chaos, von der Gesundheit zur Krankheit und vom Leben zum Tod. Ist der Höchstwert erreicht, ist in allen Fällen der Tod da. Gott ist die Quelle des Lebens. Zu weit davon entfernt bedeutet den Tod. Es ist wie bei einem Wanderer in der Wüste. Entfernt er sich zu weit von der Wasserquelle, beginnt der Abstieg. Zuerst kommt der Durst, dann die Halluzination, schließlich der Tod.

Gott lässt diesen Abstieg bei den Menschenkindern zu, ob sie nun im Einzelnen schuldig sind oder nicht - aus folgenden Gründen:

a) Leiden bewahrt vor Größenwahn. Auch der Apostel Paulus musste leiden, damit er sich nicht der hohen Offenbarung überhebt, die ihm gegeben wurde.

b) Vom italienischen Dichter *Dante* stammt das Wort: *Der heißeste Platz in der Hölle ist für jene bestimmt, die mitten in einer Welt voll Not und Qual das Leben genießen wollen.* Das eigene Leiden bedeutet auch Solidarität mit der gefallenen Schöpfung und bewahrt oft davor, selbst in die Gottesferne zu fallen.

c) Durch leidvolle Erfahrungen prägt sich am tiefsten ein, was Trennung von Gott bedeutet. *„Du musst erfahren was es für Jammer und Herzeleid bringt, den Herrn deinen Gott zu verlassen.“* Jeremia 2,19. Dieses durchlebte Wissen trägt zur Stabilisierung der kommenden Welt bei. So leichtfertig wie hier, werden wir dort Gottes Mahnungen nicht mehr in den Wind schlagen. Wir sind dann schon etwas gereift und durch bittere Erfahrungen klug geworden.

d) Gemeinschaft mit seinen Leiden. Gott trägt die Miseren unserer Welt. Wer einen Eindruck davon bekommen will, der soll im Buch *Jesaja* das 53. Kapitel lesen. Darin wird in ergreifender und erschütternder Weise ein Teil seiner Leiden dargestellt. Für den Apostel Paulus war die Gemeinschaft mit Gottes-Leiden das Wertvollste überhaupt. Demgegenüber hat er alles andere, was ihn früher besonders wichtig war, als Kehricht angesehen. Wer Verfolgung wegen Christi Sache leidet, hat Gemeinschaft an seinen Leiden. Aber auch alle anderen leiden mit Gott, die nicht wegen ihrer eigenen Sünden leiden. Ob es nun Schmerzen, Krankheiten, Behinderungen, Verlust eines Kindes oder Existenznöte sind, man leidet stellvertretend für das, was das Kollektiv verschuldet hat. Der leidenden Seele wird die Weisheit sagen: Bleibe bereit, gerade das Leiden als die schmerzhafte Form deiner Gotteserfahrung anzunehmen. Es ist das Zepter der Treue, dass du auch im Schmerz bereit bleibst, die Leiden der Welt mit Gott zu teilen. Das verbindet mehr als alles andere! Du wirst dann auch einmal die Freuden mit Gott teilen.

In einer Todesanzeige stand einmal: *Fröhlich war der Morgen, heiter der Mittag und freundlich der Abend.* Sicher, nur eine unrealistische Wunschvorstellung. Wäre die Erdenwanderung aber tatsächlich nur ein Gang auf sonnigen Höhen gewesen, so hätte dem Leben am Ende der Tiefgang gefehlt. Die persönliche Reife wäre oberflächlich geblieben und die Kompetenzen unbefriedigend. Aber selbst in solch einem Fall gibt es Hoffnung. Im nächsten Raum – dem Totenreich, lässt sich noch manches ergänzen (siehe nächstes Kapitel). Das Rollenspiel auf Erden ist nun mal unterschiedlich. Ein Reicher lebt hier eben anders als ein Armer in einer Gewalt- oder Hungerzone. Man sollte aber auf keinen Fall das Leiden suchen. Es kommt von allein. Die Güterwagen bei der Bahn sind für unterschiedliche Traglasten gebaut. Die Belastungsgrenze ist angeschrieben. Um Betriebsstörungen zu vermeiden, müssen diese Konstruktionsgrenzen unbedingt eingehalten werden. Auch die Belastungsfähigkeit der Menschen ist unterschiedlich. Gott geht jedoch oft an unsere Grenze, um das Bestmöglichste aus uns herauszuholen. Paulus sagt dazu: *Die Leiden dieser Zeit sind kurz und leicht und nicht wert der Herrlichkeit, die an uns erzeigt werden soll.* Das „leicht" wird nicht jeder unterschreiben wollen. Jedenfalls aber sind die Leiden kurz. In der astronomischen Zeitrechnung ist unsere Erdenzeit nicht mehr als ein Wimpernschlag. Die Zeit im nächsten Aufenthaltsraum – dem Totenreich, ist bereits wesentlich länger. Danach leben wir für immer in der Neuen Welt – ohne Leid und Geschrei.

7. Freiheitkompetenz

Wer bin ich? Wer ist Gott? Wir würden es nie erfahren, wenn wir nicht das Privileg hätten auf dem Planeten Erde eine Weile Gast zu sein. Als Adam und Eva sich im Paradies immer wieder abends mit Gott trafen, um über das Tagesgeschehen zu plaudern, war dies für beide Seiten eine nette Unterhaltung. Adam und Eva fühlten sich in ihrem Tun bestätigt und sahen in Gott einen freundlichen Herrn. In Wirklichkeit haben die beiden weder Gott noch sich erkannt. Erst nach dem Sündenfall, als ein Bruder den anderen erschlug, erkannten sie, zu was sie fähig waren. Im Laufe der Geschichte, voller Sünde und Gräuel, merkte man auch so ganz allmählich, wer Gott war. Man erkannte in ihm ein Wesen, das alle Verantwortung für unsere Schandtaten übernimmt und stellvertretend die Strafe dafür trägt (Kreuzestot) – auf das wir Frieden hätten. Verblüfft sah man einen Schöpfer, der für uns haftet und bereit ist allen Schaden wieder gutzumachen. Kurzum, man erkannte in ihm den liebenden Vater, der die Menschheit zu seinem Schicksal machte. Ohne die extremen Zustände hier auf Erden wäre nicht offenbar geworden zu was Gott fähig ist. Auch hätten wir nicht erkannt, was so alles in uns steckt. So lernt man sich eben auf der Erde kennen und kann eine Freund- oder Feindschaft für immer eingehen.

Die Freiheit ist das schlimmste und höchste Gut was Gott zu vergeben hatte. Die den Engeln und Menschen gegebene

Freiheit hat die Menschheitsgeschichte unglaublich komplex und leidvoll gemacht. Wir als Geschöpfe müssen einen hohen Preis dafür zahlen, der aber gering ist gegenüber dem was Gott dafür leiden muss. Die Welt wäre einfach gewesen, hätte es darin keine Freiheit gegeben. Leid, Zerbruch und Tod wären darin nicht vorgekommen. Wir hätten dann aber auch nie die Chance gehabt wie Gott zu werden. Mit Freiheit richtig umzugehen ist die größte Kompetenz die der Mensch je erreichen kann. Vom Kirchenvater *Augustin* stammt das wahre wie auch gefährliche Wort: *Liebe und tu, was du willst.* Wenn man tun und lassen kann was man will, dann hat man die Freiheit wie Gott. Sie ist allerdings an eine Voraussetzung gebunden – an die Liebe. Freiheit ohne Liebe führt in die Knechtschaft, ja, in die Hölle.

Gott ist Liebe, und nur wenn wir mit Gott eins werden (auch – und im Besonderen - in der Gemeinschaft mit seinen Leiden), erlangen wir seine reine und tiefe Liebe. Dann aber haben wir den höchsten Stand erreicht. Er ist nicht mehr zu toppen. Mehr hat Gott nicht zu vergeben, als sich selbst. Es ist nicht so, dass Gott in herablassender Gnade sich zu uns armen Erdenwürmer herunterbeugt. Nein, es ist sein tiefstes Verlangen und seine Leidenschaft, die uns zu seinen Partnern macht.

Gott wird oft anders gesehen. Als einer der im Gericht reinhaut, dass die Fetzen fliegen. Wo es auf den einen oder anderen Unschuldigen nicht drauf ankommt. *Es schrecklich in die Hände des lebendigen Gottes zu fallen,* heißt es an einer Stelle in der Bibel. Der desolate Zustand des Menschen macht es aber ab und zu notwendig, seinem unheilvollen Treiben auf Erden ein Ende zu setzen. Wenn Gott nicht immer wieder durch Gericht eingreifen würde, hätten wir schon lange keine bewohnbare Erde mehr. Im nächsten Kapitel (Das Totenreich) wird aber deutlich, dass Gott seine fehlgeleiteten Geschöpfe danach auffängt, um sie einerseits vor weiterem Verderbnis zu bewahren und zum andern, einer Resozialisation entgegenzuführen.

Mystiker, wie z. B. Tersteegen, sahen hinter Gottes strengen pädagogischen Handeln, sie sahen ihm ins Herz:

Wie bist Du (Gott) mir so sehr gewogen,
und wie verlangt Dein Herz nach mir!
Durch Liebe sanft und stark gezogen
neigt sich mein alles auch zu Dir.
Du traute Liebe, holdes Wesen,
Du hast mich, ich hab Dich erlesen!

Das Totenreich als Auffangnetz

Im Allgemeinen glaubt der Mensch, dass er nach seinem Tod in den Himmel oder in die Hölle kommt; wenn er überhaupt an ein Weiterleben glaubt. In Wirklichkeit heißt der nächste Raum Toten- oder Geisterreich. In dieses Land kommen grundsätzlich erst einmal alle Erdenbürger nach ihrem Tod. Der biblische „Auszug aus Ägypten" ist ein Gleichnis dafür. Nach der Schufterei in Ägypten kam eine Zeit der Fremdversorgung in der Wüste. Die Israelis mussten sich nicht mehr um Essen und Trinken sorgen. Die Kleider verschlissen nicht. Krankheiten kamen keine mehr. Nachts wurden sie von einer Feuersäule warmgehalten, das Tages von der glühenden Sonne durch Wolken abgeschirmt. Es ging in der Wüste darum, sich von den alten Zwängen zu lösen, sich neu auf Gott auszurichten und sich für das „Gelobte Land" vorzubereiten. Die Wüste wurde aber auch zum Gericht. Sie schied diejenigen, die in das gelobte Land wollten, von denen die nicht hineinwollten. Ähnlich ist auch unser Gang durchs Totenreich zu sehen. Die Wüstenwanderung ist ein Gleichnis für das Totenreich.

Das Totenreich ist ein mächtiges Reich mit einer großen Anlagenvielfalt. Von öden Stätten bis zu paradiesischen Bereichen ist dort alles anzutreffen. Es zählt derzeit ca. 100 Milliarden Einwohner. Täglich kommen durchschnittlich 300 000 Bewohner hinzu. Es ist eine transzendente (nichtmaterielle) Welt, die aber an die Erdenzeit gekoppelt ist. Schon mit den täglichen Zuwanderern wird auch die jeweilige Erdenzeit hereingetragen. Dazu ist die Totenwelt, wie der Planet Erde, endlich. Nach Untergang unseres Himmelskörpers, wird auch dieses mysteriöse Reich für immer aufgelöst. Bis dahin hat dieser Raum aber sehr wichtige Funktionen zu erfüllen. Wir können heilfroh sein, dass es dieses Reich gibt.

In kritischen Situationen wird manchmal der Ausspruch benutzt: *Wir können nicht tiefer fallen als in Gottes Hand.* Der Ausspruch stammt aus einem Gedicht von *Arno Pötzsch.* Die ersten beiden Verse lauten wie folgt:

Du kannst nicht tiefer fallen
als nur in Gottes Hand,
die er zum Heil uns allen,
barmherzig ausgespannt.

Es münden unsre Pfade
durch Schicksal, Schuld und Tod
doch ein in Gottes Gnade
trotz aller unsrer Not.

In erstaunlicher Ergänzung zur Formulierung von Pötzsch steht die letzte Strophe aus *Rilkes* Herbstgedicht: *„Und doch ist Einer, welcher dieses Fallen unendlich sanft in seinen Händen hält.“*

Der Gedanke, dass Gottes Hand Schutz bietet, wurde schon manchem zum Trost. Das Lied entstand 1941, und wurde 1942, in den Liederschatz der deutschen evangelischen Gemeinde von Rotterdam aufgenommen. Damals war die Gefahr groß, in der Menschen Hand zu fallen. Wurde doch beispielsweise 1942 in der Wannseekonferenz die „Endlösung“ beschlossen und etwas später zum totalen Krieg aufgefordert.

„Die Hand Gottes" ist eine Metapher für das Totenreich. Das Totenreich ist das große Auffangnetz Gottes. Von der Steinzeit bis zur Gegenwart – alle fallen dort in Gottes Hand. Der Mensch ist nicht für den Tod da. Der Tod ist für den Menschen da! Der Tod stoppt die Endlichkeit, die unheilbare Krankheit, den Machtrausch, die Knechtschaft, die Qualen, die Gewalthandlungen, sowie Elend und Jammer des irdischen Daseins. Kurzum er beendet den unheilvollen Erdenlauf. Alle Kulturen, Ideologien und Religionen, erkennen dort endlich die Wirklichkeit. Reiche und Arme, Heilige und Verbrecher, Betrüger und Betrogene, Täter und Opfer begegnen sich dort wieder. Kinder, Jugendliche, Opfer von Kriegen, Krankheiten, Katastrophen und Unfällen werden dort weitergeführt und ihre irdische Ausbildung vollendet. Die Grundlinie des Totenreich-Konzeptes lautet: Zur Ruhe kommen; zur Besinnung kommen; zur Versöhnung und zu Recht kommen und zur Vollendung und nach Hause kommen.

Zur Ruhe kommen

Mit unseren fünf Sinnen können wir das Totenreich nicht wahrnehmen, obwohl es um uns ist. Nur sehr wenige Menschen haben die Gabe des inneren Sehens, so dass sie Geister erblicken und mit ihnen kommunizieren können. Gott selber hat strikt untersagt die Toten aus ihrem Bereich zu holen und sie zu befragen (z. B. mittels eines Mediums). Wie alle anderen Gebote wird auch dieses übertreten. Dazu gibt es Visionen, Nahtoterlebnisse, unterschiedliche Erscheinungen und auch biblische Berichte. Beim Erstellen dieses Kapitel ging es hauptsächlich darum die Geistergeschichten möglichst von allen zeitbedingten Überlagerungen und Spekulationen zu befreien und die beobachteten Tatsachen allgemein zu interpretieren, so dass der Sinn dieses Zwischenreiches erfasst und zumindest gleichnishaft und verständlich dargelegt werden kann.

In einem Atomkraftwerk kommen nach getaner Arbeit die Brennstabelemente erst einmal in ein Abklingbecken, bevor sie zu einem Zwischen- oder Endlager weiter transportiert werden.

Das Abklingbecken befindet sich direkt neben dem Reaktor unter der gleichen Kuppel. Ähnlich verhält es sich mit dem Totenreich. Es ist direkt mit der Erde verbunden, so dass Seele und Geist, die den zerfallenden Körper verlässt, in seiner Sphäre gleich aufgenommen wird und erstmal zur Ruhe gelangen kann.

Oft kommt der Geist dort in eine Steinwüste oder andere einsame Stätte, damit alle Unruhe der Seele abklingt. Das Körperliche, samt Krankheiten, Behinderungen und Schmerz bleibt dahinten. Alles aber, was in die Seele eingedrungen ist, nimmt man mit. Sterben beispielsweise Soldaten in einer Schlacht, nehmen sie zuweilen den Tötungsrausch mit und versuchen sich noch im Totenreich gegenseitig umzubringen. Irgendwann wird man dann gewahr, dass dies keinen Sinn mehr macht, man ist bereits tot. Wenn man süchtig ist (nach Drogen, Alkohol, Zigaretten und dergleichen) muss man feststellen, dass die Sucht nicht mehr gestillt werden kann. Man bleibt in der wüsten Stätte bis das Verlangen der Seele abgeklungen ist. Zeit ist dort genug vorhanden. Manche Seele kommt im Wahn dort an. Wenn z. B. ein islamistischer Selbstmordattentäter, der gerade 13 Ungläubige aufopferungsvoll in die Luft gesprengt hat, aus der Explosionswolke erwacht, voll Erwartung, dass er im Paradies von großäugigen Jungfrauen begrüßt wird. Dann geht er ruhelos von einem Ort zum andern und sucht hinter jedem Felsen nach den versprochenen Lohn. Irgendwann merkt er, dass man ihn betrogen hatte. Dann ist die Zeit gekommen, ihn mit der Wirklichkeit zu konfrontieren.

Nicht jeder muss erst in einer Wüste ruhiggestellt werden. Kinder und solche die noch nicht in den Händeln dieser Welt verwickelt waren, können diese Stufe überspringen. Auch diejenigen, die Frieden mit ihrer Vergangenheit geschlossen haben, können gleich mit der zweiten Stufe beginnen.

Zur Besinnung kommen

Im umtriebigen irdischen Leben hat der Mensch anderes zu tun, als sich mit großen Fragen zu belasten, wie z. B.: Woher komme ich? Warum bin ich? Wohin geh ich? Wozu das riesige Universum? Im Totenreich muss er sich diesen Kardinalsfragen aber endlich zu stellen. Nun drängt die Ewigkeit und nicht mehr die Zeit. - Und dafür bekommt er Ruhe und Besinnung.

Unsere vergängliche Welt ist eine Raum-Zeit-Blase am Rande der Ewigkeit, gewissermaßen eine Insel der Verbannten im Meer der Unendlichkeit. Es ist eine Zauberinsel – auf der sich in grotesker Weise Glück und Unglück miteinander mengen. Die Menschheitsgeschichte wird einerseits mit Blut und Tränen geschrieben, andererseits erwächst aus den widerstreitenden Kräften eine Entwicklung, aus der nicht nur Kunst, Wissenschaft und Technik entsteht, sondern letztlich ein neuer Mensch auf-ersteht. Das Totenreich ist der Raum, in dem der Erdenbürger vollends zu einem „neuen Menschen" gewandelt wird, um dann in der Neuen Welt seine Laufbahn anzutreten.

Der Mensch mit seinen fünf Sinnen kann die Wirklichkeit nur begrenzt erfassen; eigentlich nur die materielle Welt, und die nur sehr unvollkommen. Entsprechend unterschiedlich sind die Welt- und Glaubensanschauungen, mit denen die Emigranten von der Erde ankommen. Es gibt jede Menge Irrtümer und feh-lende Erkenntnis. Zwar gibt es eine Offenbarungsreligion, durch die das Juden- und Christentum entstanden ist. Auch das vor-liegende Buch hat diese Offenbarungen mit verwendet. Die Steinzeit und andere Epochen bekamen dies aber nicht mit, zum anderen sagt uns diese Lehre auch nicht alles, und zudem ist sie nicht völlig verstanden worden. Allein im Christentum gibt es 40 000 unterschiedliche Schwerpunktsetzungen und Aus-richtungen. Das zeigt die Notwendigkeit, die Erdankömmlinge mit der Realität vertraut zu machen. Im Totenreich lichtet sich allmählich der Nebel – spätestens im Gericht steht man im Licht Gottes.

Im Totenreich findet also auch Unterricht statt. Einmal über die Schöpfung vom Urknall bis zur Neuen Welt und zum andern über die Rolle des Menschen in diesem Projekt. Der Mensch ist das Ende der Urknall-Schöpfung (nach ihm wurde kein Geschöpf mehr erschaffen) und der Anfang einer Neuen Welt. Er ist ein Verbindungsglied zwischen zwei Welten und bestimmt die Neue Welt zu bebauen und zu bewahren. Der jetzige Kosmos ist der Urgrund von dem was künftig sein wird. Alles, die Materie, die Natur, die Kreatur und der Mensch ist der Vergänglichkeit unterworfen und erlebt die Auferstehung in eine neue unvergängliche Welt. Am jetzigen Universum lässt sich ablesen wie groß einmal der Wirkungsbereich des Menschen sein wird.

Dementsprechend hoch sind die Anforderungen an den Menschen. Im Totenreich erfolgt eine Aufarbeitung der Erdenzeit. Oft ist das Ausbildungsziel nicht erreicht worden. Es gibt daher eine Ergänzung zu der nicht vollendeten Ausbildung (z. B. bei Kindern). Versöhnungen zwischen Tätern und Opfern erfolgen. Heilungen von seelischen Krankheiten und Wahnvorstellungen, sowie Therapien werden durchgeführt. Zum Schluss steht das Gericht oder eine persönliche Beurteilung mit einem Gespräch über die Aufgaben in der Neuen Welt. Falls ein Mensch sich noch nicht entschieden hat, wo er letztendlich hinwill, hat er hier die letzte Gelegenheit. Bis dahin muss er sich besonnen haben. Nicht jeder will in die Neue Welt. Der Mensch hat die Freiheit seine eigene Welt zu gestalten und braucht sich nicht in ein Vorhaben von Gott einzuordnen. Gott hat dafür einen Freiraum geschaffen, in dem jeder machen kann was er will. *Franz Josef Czernin* hat es folgendermaßen formuliert: *Es gibt zwei Orte, wo alle Wünsche in ihre eigene Erfüllung übergehen: den Himmel und die Hölle.*

Mit dem Himmel meinte *Czernin* die Neue Welt. Selbst Gott verlässt seinen Himmel, und zieht zu uns auf die Neue Erde – um für immer unter uns zu wohnen. Wer mit Gott leben will, der muss auf die Neue Erde ziehen. Die Hölle dagegen ist ein von Gott getrennter freier Raum, wo es kein Gesetz mehr gibt. Dort ist alles erlaubt und keiner muss sich ändern. Man kann in Ewigkeit aufeinander eindreschen, ohne je zur Rechenschaft gezogen zu werden.

Versöhnung und Vollendung

Die Neue Erde dagegen ist ein Ort der Versöhnten. Man kann sich dort wieder in die Augen schauen und hat keine offenen Rechnungen mehr. Es herrscht dort eine große Vielfalt in der Einheit. Man arbeitet zusammen wie ein Organismus, um die großen Aufgaben im neuen Universum gemeinschaftlich zu bewältigen.

Die alte Erde war und ist ein Konfliktherd ersten Ranges. Es gibt viele Auseinandersetzungen und Kriege, im Großen wie im Kleinen. Bittere Feindschaften entstehen oft durch Nichtigkeiten. Erlittenes Unrecht ruft Hass und Vergeltungsdrang hervor und vergiftet in vielen Bereichen das Miteinander. Das Totenreich mahnt: Konflikte sollten nicht bis aufs Sterbebett geschleppt werden. Wenn irgendwie möglich, sollte man Frieden mit der Vergangenheit machen, damit die Zukunft nicht behindert wird. Unversöhnlichkeit ist eine zu schwere Last um sie auf die Dauer tragen zu können. Die Versöhnung mit Gott ist die einfachste Übung. Mit Menschen kann es schwieriger werden. Es gibt schlimme Fälle, wo alles in uns nach Rache schreit und wir nicht mehr Vergeben können. Da lautet auch nicht mehr die Frage ob wir können, sondern nur ob wir wollen. Auch dies kann schon schwierig genug sein. Falls wir uns zur Versöhnung durchringen, hilft uns Christus. Das hat schon mancher erfahren. Christus ist gekommen um zu Versöhnen was im Himmel und auf Erden ist. Versöhnen, das ist sein Job.

Es gibt jedoch auch Fälle wo wir auf Erden uns nicht mehr versöhnen können. Nehmen wir als Beispiel den schon erwähnten Selbstmordattentäter, der sich mit 13 Menschen in die Luft gesprengt hat. Nennen wir ihn *Achmed* und lassen ihn selbst zu Wort kommen:

„Ich heiße *Achmed* und bin im Irak aufgewachsen und besuchte bei einer strengen Moslembruderschaft eine Koranschule. In der Schule wurde uns gelehrt, dass es für einen Moslem das höchste ist für den Glauben zu sterben. Man wird dadurch zum Märtyrer, und einzig dadurch bekommt man direkten Zugang zum Paradies. Wer wollte konnte sich für den Kampf gegen die Ungläubigen weihen und ausbilden lassen. Ich habe mich im Alter von 14 Jahren dafür entschieden. Mit 17 Jahren wurde ich nach Afghanistan geschickt und als Gotteskämpfer ausgebildet. Danach habe ich einen Beruf als Bauhandwerker erlernt um mein Familie ernähren zu können. Als ich 25 Jahre alt war, bekam ich meinen ersten Auftrag. Ich hatte eine Gruppe von Polizeianwärtern mit einer Sprengladung zu töten. Der Einsatz klappte wie vorgesehen und es war mit unverständlich, dass ich danach nicht ins Paradies gelangt bin, sondern in eine düstere Gegend. War das der Lohn für meinen aufopferungsvollen Einsatz? Wo waren die Jungfrauen vom himmlischen Garten? Stattdessen befand ich mich in einem trostlosen Reich mit meinen Opfern. Verfluchtes Schicksal, das mich so genarrt hatte.

Durch meine Tat war ich seltsamerweise an die Opfer gebunden. Ich konnte nicht mehr weglaufen. Nur langsam schlichen die eintönigen Tage vorüber. Sie waren eine Qual und vom blanken Hass geprägt. Es war eine unheimliche Einförmigkeit, die letztlich aber dazu führte, dass wir uns bis ins letzte Detail gegenseitig offenbarten. Zu Erdenzeiten hätten wir dies nie getan, doch hier standen wir wie vor einem schweigenden aber alles durchschauenden Richter. Das Totenreich verschlang Ideologie, Religion, Rasse und Stand und ließ nur noch den nackten, hilflosen und nichtigen Menschen zurück. Allmählich führte dies dazu, dass jeder den anderen immer mehr verstand und in ihm nicht mehr den Feind, sondern den Leidensgenossen sah. Was keiner von uns je für möglich gehalten hatte geschah: der tiefe Hass löste sich bei den meisten. Ich erkannte schmerzlich was ich getan hatte. Die meisten meiner Opfer waren Familienväter, die Frau und Kinder unversorgt zurücklassen mussten.

Ich bat in tiefer Reue sie alle um Vergebung. Endlich nach drei Monaten leidvollen Ringens vergaben mir 11 meiner Opfer. Die zwei übrigen sagten, meine Tat sei zu schlimm, als dass sie je vergeben werden könnte. Sie wollen mich im Gericht anklagen und meine Verdamnis in der Hölle fordern. So gehe ich nun dem Gericht entgegen und weiß nicht wie die Angelegenheit für mich ausgehen wird."

Versöhnung ist ein wichtiger Schwerpunkt im Totenreich. Die Versöhnung der Menschen mit Gott und vor allem untereinander ist Voraussetzung für Frieden, Einigkeit und das gute Funktionieren in der Neuen Welt. Aber es gibt noch weitere Maßnahmen die das Totenreich zu erfüllen hat. Der Mensch wird oft in einem desolaten Zustand in das Reich zwischen den Welten gespült und muss dort aufgebaut werden, bis er wieder dem Bild gleicht, zu dem er einst geschaffen wurde. In der Bibel gibt es die lehrreiche Geschichte von einem reichen Mann und einem armen kranken Menschen (*Lazarus*). Der Reiche lebte in Saus und Braus. Vor seiner Tür lag *Lazarus* in Krankheit und Not. Beide hatten auf Erden ein einseitiges Leben. Wobei der Reiche auch noch versäumte seine Lektionen in Bezug auf Sozialkompetenz zu lernen. Im Totenreich werden dann die Verhältnisse umgedreht. Lazarus kommt in ein Paradies und kann dort in Luxus und Komfort leben. Während der Reiche nun erfahren darf was *Lazarus* erlitten hat. Hierfür gibt es im Totenreich eine besondere Einrichtung: den Feuersee. Dieses Wort ist eine Metapher für eine Läuterungs- und Erlebniseinrichtung. Feuer selbst würde einem Geist nichts ausmachen, da er ja nicht materiell ist. Im „Feuersee" wird ein Mensch frei von der „Schlacke" die ihm noch anhangt, oder er erlebt darin was er anderen zugefügt hat, bzw. was ein anderer durchmachen musste, weil er ihn nicht geholfen hat. Am Ende der Prozedur haben der Reiche und *Lazarus* das Gleiche erlebt – gute und schlechte Zeiten. Was auch Sinn ihrer Ausbildung war. Sie haben damit einen wertvollen Erfahrungsschatz erworben und können sich wieder in die Augen schauen und gemeinsam die Zukunft anpacken.

Der Feuersee (auch Fegfeuer oder Purgatorium genannt) hat auch noch andere Funktionen. Das Purgatorium dient auch zur Reinigung der Seelen. Die auf Erden begangenen Sünden wurden zwar von Christus getragen, aber sie haben der Seele Wunden oder „Rostflecken" zugefügt. Das Purgatorium bringt zwei Wirkungen hervor: Die eine besteht darin, dass sie reinigt, die andere, dass sie verzehrt (alles was an ungöttlichen noch vorhanden ist). Wie Gold durch das Feuer von Schlacken befreit wird, so macht es auch das göttliche Feuer mit der Seele. Und wenn die Seele geläutert ist, wird sie wieder eins mit ihrem Schöpfer, denn es gibt nun nichts mehr Trennendes. Von da ab ist die Seele auch leidensunfähig, weil es in ihr nichts mehr gibt was aufgezehrt werden kann. Selbst wenn die gereinigte Seele dann durch die Hölle ginge, wäre es für sie nicht mehr schmerzlich. Sie würde nur noch das Feuer der göttlichen Liebe verspüren, das auch für die verlorenen Seelen noch brennt.

Zur Ergänzung sei noch gesagt. Die Läuterung der Seele kann bereits im diesseitigen Leben erfolgen, durch Trübsal und Leid. *Lazarus* und viele andere mussten nicht in den Feuersee, sie hatten ihr Fegfeuer schon auf Erden.

Gericht und Auferstehung

Das Endgericht ist die Schnittstelle zur Ewigkeit. Eine Grenzstadion zwischen Tod und Leben. Im Gericht tritt Gott nicht als Kläger auf, sondern Menschen verklagen sich. Gott kann den Menschen nicht mehr verdammen. Christus hat bereits unsere Strafe auf sich genommen, auf das wir Frieden hätten. Als Richter werden von Christus Menschen eingesetzt, die die Situation und Lebensumstände des Angeklagten aus eigener Erfahrung kennen.

Mit dem Gericht will Gott seine Schöpfung nicht zugrunde richten, sondern zurechtbringen. Die spanische Nationalheilige *Teresa von Avila*, die selbst auch als Richterin eingesetzt wurde, meinte sogar: Gott geht es im Gericht nur um eins, den Menschen wieder dem Leben zuzuführen.

Wo es keine Anklagen gibt, wird auch kein Gerichtsverfahren durchgeführt. Es findet dann nur ein Beurteilungsgespräch statt. Dabei wird das Erdenleben bewertet, die Höhe der Belohnung festgelegt und über die künftige Verwendung gesprochen. Der anvisierte Ewigkeitsjob erfordert dann meist noch eine entsprechende gründliche Ausbildung, die dann gleich mit festgelegt werden kann.

Als Beispiel für ein Gerichtsverfahren nehmen wir wieder den Selbstmordattentäter *Achmed,* der 13 Personen in die Luft gesprengt hat. Mit 11 Personen konnte er sich versöhnen. Zwei aber klagen ihn im Gericht an und fordern als Urteil „Verdammt in alle Ewigkeit". Der zuständige Richter hat natürlich seine Vorgaben und kann nicht aus eigenem Gutdünken handeln. Das Weltgericht muss selbstverständlich nach einheitlichen Grundregeln durchgeführt werden. Im vorliegenden Fall wird er den Anklägern erst einmal klarmachen, dass, wenn sie nicht vergeben, ihnen ihre Schuld von Gott auch nicht vergeben wird (*... vergib uns unsere Schuld, wie wir vergeben unseren Schuldigern*). Bestehen die Ankläger trotzdem weiterhin auf Verurteilung des Attentäters, wird ihnen mitgeteilt, dass ihre Anklage rechtens ist. *Achmed* hat zweifelsohne schlimme Schuld auf sich geladen und unsägliches Leid über viele Familien gebracht. Er muss dafür verurteilt werden.

In einem abschließenden Urteilsspruch wird der Richter *Achmed,* aufgrund der Schwere seiner Schuld, zum Tode verurteilen, ihm aber folgendes klarmachen: „Die Strafe für deine schrecklichen Taten hat Christus bereits auf sich genommen. Deine Morde sind damit gesühnt! Wenn du ihn einmal triffst, kannst du dich bei ihm bedanken. Um deiner Persönlichkeitsentwicklung und deiner Zukunft willen, verordne ich dir aber folgende Therapie: Um zu erleben was du anderen durch deine Tat zugefügt hast, musst du 13 Monate in den Feuersee. Dort wirst du konzentriert erleiden was du deinen Opfern zugemutet hast. Da du Bauhandwerker bist, wirst du später deinen Opfern in der Neuen Welt helfen jeweils eine Wohnstätte zu bauen (und zwar keine schlechte). Dazu wirst du ihnen 1000 Jahre für bauliche Änderungen oder Ergänzungen zur Verfügung stehen. Damit du erkennst, das Leben nicht darin besteht zu zerstören, sondern aufzubauen. Wenn du die Tätigkeiten ordentlich ausführst, löse ich dich nach tausend Jahren aus der Bindung zu deinen Opfern. Dann bist du frei, und kannst dich verpflichten wem du willst."

So ein Urteil ein Urteil ist dann endgültig. Es gibt keine Revision mehr dagegen.

Achmed hätte jedoch auf ein Gerichtsurteil auch verzichten können, er wäre dann in die Welt der Unversöhnten und Gesetzlosen gekommen. Das ist ein Zustand der ewigen Gottesferne, wo es keine Justiz mehr gibt und alles erlaubt ist. Landläufig wird dieses Reich als Hölle bezeichnet (von der Bibel als der zweite Tod).

In der „Offenbarung des Johannes" wird das Weltgericht etwa so beschrieben: Von jedem Menschen existiert eine Akte, in der drinsteht, was er auf Erden so alles getrieben hat - an Gutem wie Bösem. Zusätzlich liegt im Gericht noch das „Buch des Lebens" auf. Wer darin steht, wird beurteilt, nach dem wie er gehandelt hat bei Leibesleben – es sei gut oder böse. Er wird durch die vom Gericht verhängten Maßnahmen fit für die Neue Welt gemacht. Wer also im Buch des Lebens steht, kommt durch das Gericht in Gottes Welt (oft auch als Himmel bezeichnet). Wer nicht darin steht kommt in die Gottesferne – den zweiten (ewigen) Tod, oder volkstümlich ausgedrückt - in die Hölle. Für diese Kandidaten ist kein Gericht erforderlich. Zu was auch? Sie können bleiben wie sie sind. Sie kommen in eine Welt die ihnen angemessen ist.

Die Entscheidung: „Himmel oder Hölle", wird nicht von Gott getroffen. Diese Entscheidung trifft der Mensch. Er muss dazu ungezwungen sein, er muss wissen was er dabei tut und er muss dabei im Vollbesitz seiner geistigen Fähigkeiten sein. Aus Erden ist dies selten der Fall, da lebt er oft im Irrtum, im Wahn oder wird durch irgendwelche Zwänge beeinflusst. Der Entscheidungsprozess verlagert sich daher oft ins Totenreich. Der Weg zu Gott ist grundsätzlich für jeden Menschen frei, aus welcher Ecke er auch kommt. Als Christus am Kreuz starb, zerriss Gott den Vorhang zum Allerheiligsten, von oben nach unten. Eine großartige Symbolik, die zeigt, dass kein Hindernis mehr vorhanden ist. Aber nicht jeder hat verlangen nach dem Himmel, weil er seinen Lebensstil nicht aufgeben will. Die Freiheit der Geschöpfe zwingt Gott dazu, ihnen einen eigenen Freiraum zu schaffen. In der absoluten Gottesferne können diese einstigen Menschen zu Teufeln werden und ungehindert ihren Leidenschaften frönen. Im biblischen Sinn bedeutet die Trennung von Gott den eigentlichen Tod. Ein aufhören der Existenz gibt es jedoch nicht. Kein Lebewesen kann zu nichts zerfallen, es wird zu dem was es sich im Innersten wünscht.

Die Freiheit ist die tragische Würde der Geschöpfe. Sie führt zu den schlimmsten denkbaren Katastrophen und grausigsten Exzessen. In der Engelswelt wurde der Lichtsträger (*Luzifer*) zum Teufel und viele Engel zu Dämonen (ca. 30%). In der Menschenwelt ist die Verlustrate wesentlich geringer (dank der herben Ausbildung auf Erden, dem Einsatz von Christus und den nachfolgenden Maßnahmen im Totenreich). Nur ein sehr geringer Anteil wird voraussichtlich auf ewig verloren gehen. Dennoch trauert Gott über jedes seiner verlorenen Kinder - solange er ist.

Nach dem Gericht gibt es eine Auferstehung in die Neue Welt. Die Geister aus dem Totenreich bekommen einen unsterblichen jugendlichen Leib und einen neuen Namen. Der Tod liegt dann endgültig hinter ihnen und das ewige Leben vor ihnen. *Die Giftfässer im Lebens-Keller werden ersetzt durch goldnen Lebens-*

wein und sie werden die Neue Welt genießen und wie lichte Sterne sein (Novalis). Die Bibel sagt dazu: *Wie wir getragen haben das Bild des irdischen (Adam), also werden wir auch tragen das Bild des himmlischen* (Christus) 1. Korinther 15,49.

Die Neue Welt

Nach der „Offenbarung des Johannes" wird alles neu. Das vergängliche Universum erlebt seine Auferstehung zum unvergänglichen Sternenhimmel und die alte Erde zur Neuen Erde. Der biblische Fachbegriff „Auferstehung" bedeutet die Wandlung vom Endlichen zum Unendlichen. Die Auferstehung ist ein grandioses Ereignis, das alles umfasst – Mensch, Kreatur, Natur und Universum.

Fangen wir mit dem Universum an. Es ist aus dem Urknall entstanden und besteht aus Energie ($E=m \cdot c^2$). Dies ist der unvergängliche Baustoff unserer Welt. Diese Substanz kann weder erzeugt noch vernichtet werden (1. Hauptsatz der Thermodynamik). In der Summe bleibt sie also für immer bestehen. Die daraus gebildete Form und Struktur ist jedoch veränderlich. In einem abgeschlossenen System geht sie vom geordneten in einen ungeordneten Zustand über. Physikalisch ausgedrückt: Die Entropie strebt einem Höchstwert zu (2. Hauptsatz der Thermodynamik). Hat sie ihren Höchstwert erreicht, ist das Ende da. Geburt und Tod sind Anfang und Ende aller kosmischen Dinge.

Im Kosmos verglühen die Sterne und verschwinden letztlich in den schwarzen Löchern. Diese Schwarzen Löcher sind die Gräber des Weltalls, in ihnen verschwindet alle Materie. Die darin konzentrierte Energie verschwindet aber nicht, sondern formt Raum und Zeit zu einer neuen Welt. Manche Physiker vermuten auch, dass die Materie, die in ein schwarzes Loch fällt, durch ein weißes Loch wieder austritt und in einem neuen Universum seine Auferstehung in Form einer neuen Struktur feiert.

Auch die lebende Kreatur samt den Menschen verschwindet in einem „Schwarzen Loch" – den Tod. Sobald jemand den Ereignishorizont durchschritten hat, fällt der Vorhang, und er ist von der Erdenbühne verschwunden. Dahinter aber erleben Seele und Geist eine Auferstehung durch ein „Weißes Loch" zu einem unvergänglichen Kosmos. In der Neuen Welt bekommen die hüllenlose Geister dann wieder einen stofflichen Körper und werden durch diese Wiedergeburt zu unvergänglichen Wesen – die, wie lichte Sterne, in immerwährender Schönheit erblühen.

Auch unsere alte Erde erlebt diese Wandlung zu einer neuen Erde. Sie wird zum Verwaltungszentrum der Neuen Welt und steht im Mittelpunkt des neuen Kosmos. Die Menschen im und vor dem Mittelalter hatten bereits die Vorstellung, dass alles sich um die Erde dreht. Nun wird diese Vorstellung wahr. Gott verlässt seinen Himmel und zieht auf die neue Erde um. Er bringt als Brautgeschenk eine architektonische Glanzleistung mit – das neue Jerusalem, eine von ihm entworfene Stadt. Diese wird die Regierungshauptstadt der Neuen Welt. Bereits im Tausendjährigen Reich war Jerusalem die Hauptstadt der Vereinten Nationen, hier nun für den gesamten Kosmos. Johannes hat in Offenbarung 21 u. 22 diese Stadt relativ ausführlich beschrieben.

Gott wohnt im neuen Jerusalem mitten unter uns Menschen. Es geht von ihm Licht aus, so dass die Erde keiner Sonne mehr bedarf. Damit ist auch die Energieversorgung für immer sichergestellt, da kein verglühender Stern mehr die Energie liefern muss. Gott selbst ist eine unerschöpfliche Energie- und Informationsquelle. Damit strebt die Entropie nicht mehr einem Höchstwert zu. Das heißt, die Neue Welt ist unvergänglich! Ansonsten ist die Neue Welt ähnlich aufgebaut wie die alte, die ja schon ein Schatten der zukünftigen war. Es gibt Gebäude, Wohnungen, Straßen, Wasserläufe, Bäume die Früchte tragen und dergleichen. Auf dem Trainingslager „alte Erde" hatten wir nicht mit Dingen zu tun mit denen wir in der Neuen Welt nichts mehr anfangen können. Das wäre kontraproduktiv. Nein, wir leben bereits in einer Welt, die eine vergängliche Abbildung der neuen ist. Die Neue Welt wird jedoch noch schöner und ist nicht mehr von der Vergänglichkeit des Bösen geplagt.

Nach Wandlung der alten Welt in die neue, existiert das uns bekannte Universum nicht mehr. Das Totenreich ist aufgelöst und Gottes Himmel nicht mehr erforderlich, da Gott ja künftig unter uns wohnt und regiert. Es erfolgt damit auch eine Vereinfachung der Himmelsstrukturen. Die im Gericht verordneten Maßnahmen und auch sonstige noch erforderlichen Therapien samt Heilungsprozessen müssen daher in der Neuen Welt umgesetzt werden. Alle Tränen werden getrocknet. Der Mensch erfährt eine völlige Genesung. Zum Schluss wird es kein Leid, kein Geschrei, keinen Schmerz und keinen Tod mehr geben. Die oft notvolle Erdenzeit bleibt zwar unvergessen, aber man wird sie nicht mehr zu Herzen nehmen.

Den künftigen Einsatz der Menschen lässt die Offenbarung noch offen. Man kann jedoch davon ausgehen, dass die Erdenzeit eine Vorbereitung für unseren Ewigkeitsjob ist. Es gibt in der Neuen Welt viel für uns zu tun. Wenn wir nur geschaffen wären, um in alle Ewigkeiten „Halleluja" zu rufen, wäre solch ein dramatischer Erdengang nicht erforderlich gewesen. Überhaupt hätte es dazu keines Menschen bedurft, schließlich hätten dies auch Engel leisten können. Zugegeben, diese Überlegung ist etwas einseitig. Wenn jemand aus Schuld und Qual errettet wurde, dann wird er das „Halleluja" intensiver und dankbarer singen können als ein Engel, der noch nie auf einem Zahnarztstuhl gesessen hat. Warum aber sollte der Mensch dann dazu noch Selbst-, Sozial-, Methoden- und Wissenskompetenz erlernen - und zum Schluss noch fähig werden mit der Freiheit umzugehen - einer Übung die die Hölle mit verlorenen Seelen füllt. Auf das hätte man ja dann wirklich verzichten können. Zu was z. B. braucht ein Mensch Sozialkompetenz, wenn er sie nie benötigt? Gott wusste schon was er tat, als er die Menschen auf das Trainingslager Erde sandte. Auch von Christus wurde hier das letzte abgefordert. Auch er hat hier gelernt und durch irdische Leiden wurde er vollendet - und schließlich hat das Menschheitsdrama selbst „Gott ergriffen" und zu seinem Schicksal gemacht.

In Bezug auf die Struktur der neuen Welt und ihrer Aufgaben liegen keine Berichte oder Offenbarungen vor. Wir sind daher auf Spekulationen angewiesen. Ein Anhaltspunkt liefert aber das jetzige Universum, das bereits ein vergänglicher Vorläufer der zukünftigen Welt ist. Zum einen wird die Neue Welt etwa die Größe des vergänglichen Universums haben. Unsere Welt besteht, wie schon öfters erwähnt, aus Energie ($E = mc^2$). Ihre Summe ist die von Gott erbrachte Arbeit bei der Erschaffung des Kosmos. Nach dem Energieerhaltungsgesetz (1. Hauptsatz der Thermodynamik) kann diese „Arbeit" weder vermehrt noch vernichtet werden. Die vorhandene Energie bleibt also in der gleichen Größe für immer bestehen. Sie kann nur umgeformt werden in eine neue Welt. Damit wissen wir etwa, welch einen großen Wirkungsbereich wir vor uns haben.

Stellt man sich den Aufbau der Neuen Welt ähnlich wie beim alten Universum vor und geht man davon aus, dass die neue Erde der Mittelpunkt ist, um den sich alles dreht; und des Weiteren, dass von Gott aus die Energie- und Informationsversorgung erfolgt, dann ergibt sich folgendes Bild: Um das Zentralgestirn Erde drehen sich die Galaxien. In jeder Galaxie befindet sich im Mittelpunkt statt einem Schwarzen Loch ein Lebenszentrum. Von dieser Lebensquelle ist das kollektive Wissen der Menschheit abrufbar. Um das Lebenszentrum kreisen die Sonnensysteme mit ihren Planeten. Statt um einem verglühenden Stern laufen die Planeten jedoch um ein Regierungszentrum, in dem ein oder mehrere Menschen den Vorsitz haben. Diese Menschen sind wie Sterne, die ihr Licht in die Planetensphäre geben. Wo sie hingehen, wird es Licht. Sie beziehen ihr Licht von Gott auf dem Zentrumsplaneten Erde, mit dem sie ständig verbunden sind.

Was aber wird auf den vielen Planeten angesiedelt? Auch die Kreatur und Natur erlebt eine Auferstehung in die Neue Welt. Sie wird dorthin verlagert und kann sich da unter besten Bedingungen voll entfalten. Wenn dann alle Planeten voller Leben sind, können neue Wesen geschaffen werden, die die Planeten bebauen und bewahren. Wir Menschen aber haben dabei Götterfunktionen. Wir müssen die erforderlichen Maßnahmen in die Wege leiten, die Entwicklungsprozesse überwachen und durch Inspiration in die richtige Richtung leiten. Durch unsere Erfahrung mit dem Bösen können wir Fehlentwicklung von vornerein im Ansatz unterbinden.

Die Steuerung von Gottes Schöpfung durch Götter ist nicht neu. Die erste Generation von Göttern war aber ihren Aufgaben, zumindest teilweise, nicht gewachsen. Sie haben ihren Launen gelebt (siehe die Zeit vor der Sintflut und die griechische Götter-Mythologie). Der Kosmos blieb unter ihren Einfluss ein lebensfeindlicher Raum und die Planeten sind bis heute wüst und leer. Die Neue Welt wird anders sein – voller blühendem Leben. Und die berufene Führungsmannschaft wird nicht mehr ihren Launen, sondern Gott mit Hingabe und Treue dienen. Wir haben das Vorrecht dazu erwählt und auch ausgebildet zu werden. Zwar haben wir einen bitteren Preis dafür zu bezahlen, aber die Leidenszeit auf Erden (und teilweise auch noch im Totenreich) ist kurz und nicht wert der ewigen Herrlichkeit, die an uns und durch uns offenbar werden soll.

Epilog - oder das „Nichts" als Betrüger

Die in dieser Schrift unterbreiteten Vorstellungen muten sowohl dem säkularen wie dem gläubigen Menschen einiges zu. Selten wird die Entwicklung vom Urknall zum „Neuen Himmel" als ein Projekt verstanden, dessen Ziel eine stabile Welt ist. Darin soll dann auch noch dem Menschen eine zentrale Führungsrolle eingeräumt werden.

Ein kleines Beispiel soll zum Verständnis beitragen: Als man im Atomkraftwerk Neckarwestheim den zweiten Block baute, stellte man von Anbeginn das Wartungspersonal dazu. Es waren ca. 300 Personen, Ingenieure, Werkmeister und Handwerker aller vorkommenden Fachbereiche. Sie verfolgten jahrelang die Erstellung des Kraftwerkes von der Legung des ersten Steines bis zur Übergabe an die Bedienungsmannschaft. Dies sollte dazu dienen, dass sie das Kraftwerk bis zum letzten Winkel kennenlernten, um später bei einer Betriebsstörung sofort an der richtigen Stelle eingreifen zu können.

Ähnlich verläuft auch die Ausbildung der Menschheit auf der Universum-Baustelle. Sie wird auf dem bereits funktionstüchtig hergerichteten Planeten Erde (vom Atomkraftwerk Sonne betrieben) mit allen annehmbaren Unfällen konfrontiert. Von der Steinzeit bis zur Gegenwart hat die Menschheit bereits so ziemlich alles durchgemacht, was an Katastrophen, Kriegen und Unfällen möglich ist. Sie kennt mittlerweile auch alle Systeme, von der Sklavenhaltergesellschaft bis zur Demokratie mit all ihren Schwächen und Eigenarten. Bei ihrer Ausbildung am Rande des Abgrundes hat das Kollektiv Menschheit einen ungeheuren Erfahrungsschatz angehäuft, der den von Engel und anderen außerirdischen Wesen bei weitem übersteigt.

Die Außerbetriebnahme des Atomkraftwerkes Neckarwestheim ist beschlossene Sache. Genauso wird auch der Betrieb, des mit Milliarden von Kernfusionskraftwerken betriebene Universums, beendet. Die Neue Welt hat keine endlichen und gefährlichen Atomkraftwerke mehr, die Energiequelle ist Gott selbst. Die Neue Welt ist daher unvergänglich und nicht mehr gefährlich. Nach einer gründlichen weiteren Ausbildung (abstimmt auf die Verhältnisse der neuen Welt) wird die Menschheit darin locker ihre Aufgaben erfüllen können. Es wird ihr große Freude bereiten – und sie wird alles tun, dass nie wieder eine Welt entsteht, wie die, woher sie kamen.

Nun noch ein paar Bemerkungen zu jenen, denen das alles spanisch vorkommt, vielleicht als Fantasieprodukt eines religiös überspannten Menschen. Die Urknall-Theorie ist inzwischen bewiesen und wissenschaftlich anerkannt. Das Universum hat einen Anfang nach Ort und Zeit. Nehmen wir an, es ist aus dem „Nichts" entstanden, wie es selbst manche hochkarätige Astrophysiker heute noch glauben. Dann hätte das „Nichts" sich als ziemlich kreativ erwiesen. Egal in welchem Bereich man die Schöpfung betrachtet, immer ergibt sich eine perfekt ausgewogene Konstruktion, die mit großer Präzision funktioniert – und die auch schön ist. Das „Nichts" erweist sich nicht nur als genialer Ingenieur, sondern auch als großartiger Künstler. – Und es erweist sich als gemeiner Betrüger. Man muss schon eine ziemliche Rafffinesse und Bosheit besitzen, um Lebensformen wie den Menschen hervorzubringen. Eine Kreatur, auf die stets das Verhängnis hereinbricht (von außen und innen), und die unausweichlich einem elenden Tod entgegengeht. Damit der Mensch dieses grausige Spiel mitmacht, wird ihm stets ein Köder vor die Nase gehalten: Macht, Ehre, Lust, Glück, Liebe, Erfolg und dergleichen. Daran kann er, wenn es gut geht, etwas schnuppern. Dauerhaft darf er ihn nicht genießen. Stets wird er ihm aus dem Mund gerissen, z. B. von Krieg, Krankheit, Alter, Not und Tod. Die Raffinesse besteht darin, dass der Mensch durch diese Köder zu einem absolut sinnlosen Dasein verführt wird und dieses auch noch bejaht. Zum Schluss versinkt der Mensch wieder im Nichts. Mehr hat es letztlich nicht zu bieten.

Nimmt man dagegen Gott als Schöpfer an, so erweist er sich als brillanter Weltenmeister. Im Angesicht der Großbaustelle

Universum hat er einen Planeten als Ausbildungsstätte speziell für den Menschen eingerichtet. Hier absolviert der Mensch seinen Grundlehrgang, bei dem er u. a. Gut und Böse unterscheiden lernt. Am Ende aller seiner (Ausbildungs-) Wege ist er wie Gott. Mehr geht nicht. Gottes Angebot ist nicht zu toppen.

Doch wenden wir uns wieder der Physik zu, die dem aufrichtig Fragenden auch einiges deutlich macht. Beispielsweise ist mit der Informatik eine Ingenieurwissenschaft entstanden, die sich erstmals mit nichtmateriellen Dingen befasst. Information besteht weder aus Materie noch Energie. Sie wiegt demzufolge auch nichts. Information ist also eine nicht gegenständliche Größe. Folgende Regeln definieren die Information:

- Information ist eine immaterielle Größe.
- Materielles kann nicht Geistiges (Ideelles) hervorbringen - also auch keine Information.
- Information kann nicht aus statistischen Prozessen hervorgehen.
- Information kann nur von einem intelligenten Sender kommen.

Nehmen wir noch die ersten beiden Hauptsätze aus der Thermodynamik hinzu:

1. Hauptsatz: Energie kann weder erzeugt noch vernichtet werden. Die Summe der Energien im Weltall bleibt konstant.

2. Hauptsatz: Die Entropie in einem abgeschlossenen System strebt einem Höchstwert zu.

Die beiden genannten Hauptsätze der Physik haben grundsätzliche Bedeutung für ein richtiges Weltverständnis. Die materielle und die biologische Welt bestehen, wie schon mehrfach erwähnt, aus Energie – nach der berühmten Formel von Einstein $E = m \cdot c^2$. Leben ist nur durch geregelte Energieumwandlungen möglich. Dazu ist Information erforderlich, sonst geht alles vom geordneten in einen ungeordneten Zustand über. Damit Leben aus Sternenstaub erwacht, bedarf es Information von außerhalb.

Nach den aufgeführten Gesetzen ist es nicht möglich, dass aus dem Nichts ein sich selbst organisierender Kosmos entsteht. Die ungeheure Energie des Weltalls mit ihrer Ordnung muss von einem anderen System stammen. Ein Vordenker bei diesen Überlegungen war der Heilbronner Arzt *Robert Mayer.*

Robert Mayer hat bereits 1842 den Satz von der Erhaltung der Energie formuliert, der heute als der 1. Hauptsatz der Thermodynamik bezeichnet wird. Im Rückgriff auf die griechische Philosophie zerlegte Mayer den Energieerhaltungssatz einprägsam in zwei Teile:

1. nil fit ad nihilum = Nichts wird zu nichts.
2. ex nihilo nil fit = Nichts entsteht aus nichts.

Diese Aussage wendete Mayer auch auf die Information an und folgerte daraus, dass auch Information nicht aus dem Nichts entstehen kann. Folglich muss es eine Quelle geben, aus der die Information kommt.

Die Informationen für die Organisation der Materie, z. B. der vier Grundkräfte, mussten demnach von einem intelligenten Sender herkommen. Die vier Kräfte (Gravitation, Elektrokraft, Starke und Schwache Wechselwirkung) wurden bis auf die 58. Stelle nach dem Komma ausbalanciert, so dass Lebens-Bedingungen im Weltall entstehen konnten. Danach bedurfte es weiterer Informationen, um aus der anorganischen Masse Leben zu erwecken. Der Informationssender musste dabei intelligenter gewesen sein als das klügste menschliche Gehirn.

Vielleicht ist die gottlose Weltanschauung nur entstanden aus der Angst vor der Weite und der Furcht vor dem Höhenflug - oder ist es nur die Unverbindlichkeit, die den Glauben scheut? Ein Schiff ist im Hafen am sichersten. Gebaut wurde es aber um zu anderen Ufern zu fahren – auch in stürmischer See. So ist auch der Mensch geschaffen um im Glauben zu neuen Welten aufzubrechen.

Zum Schluss noch ein Wort an den religiösen Menschen. Unser Wissen ist Stückwerk – und wir können mit unserer Erkenntnis zurzeit noch nicht alles überblicken. Die hier skizzierte Rahmenvorstellung hilft aber die noch offenen Fragen einzuordnen und in den oft unverständlichen Schicksalsverläufen einen Sinn zu erkennen.

Im vorliegenden Buch stützt sich die Beschreibung der Neuen Welt mit auf die Offenbarung von Johannes, die aber weder unsere künftige Tätigkeit noch den Bereich außerhalb vom Neuen Jerusalems beschreibt. Stattdessen steht in 1. Johannes 3, 2: *Es ist noch nicht erschienen, was wir sein werden. Wir wissen aber, wenn es erscheinen wird, dass wir ihm gleich sein werden.*

Es besteht also noch eine gewisse Unbestimmtheitsrelation, die durch die Freiheit des Menschen bedingt ist. Der Mensch erschafft keine Wirklichkeit, er räumt sie aber ein. Er wählt aus Äonen guter und böser Wirklichkeiten diejenige, die nun geschehen kann. So verkörpert sich aus einer Wolke der Möglichkeiten die wirksame Realität.

Der Mensch wird nicht kraft eines göttlichen Gebieters verplant, sondern er ist berufen, ein heiliges Geschehen selbst ins Leben zu rufen. Ein göttlicher Plan, der sich das Leben einverleibt, gäbe lediglich Zeugnis von Unterwerfung und Okkupation. Freiheitkompetenz ist vielmehr die Handlungsfähigkeit, die aus jener Wolke der Möglichkeiten Heilsames, Gutes, Aufrichtendes, Wohltuendes und Segensreiches zur Welt bringt. Diese Aufgabe, die in jedem Augenblick visionäre Zukunft in Gegenwart verwandelt, ist unsere tiefste Berufung.